EUROP

GRUNDRISS

Vertiefungen

Anhang

Grundriss

EUROPAIDEEN: VOM KARLSKULT BIS COUDENHOVE-KALERGI

Karlskult und Europa-Mythos

Stellvertretend für den Euro wurde Wim Duisenberg am 9. Mai 2002 der Karlspreis verliehen. Die Wahl seitens des Direktoriums der Gesellschaft für die Verleihung des Internationalen Karlspreises zu Aachen war wohl begründet: »Der Euro ist ab Januar 2002 weit mehr als das einheitliche Zahlungsmittel in Europa. Er trägt darüber hinaus zu einer gemeinsamen europäischen Identität bei, stabilisiert die Gemeinschaft und hat damit eine friedensstiftende Wirkung. Er unterstützt die zukünftige gemeinsame Sicherheits- sowie Außenpolitik und bildet die Basis für eine europäische Arbeits-, Sozial- und Gesundheitspolitik.« Der Euro leiste somit einen »entscheidenden, Epoche machenden Beitrag zum Zusammenwachsen der Völker Europas«, denn Währungen seien in der Geschichte »schon immer mehr als ein Zahlungsmittel« gewesen: »Sie waren und sind immer auch ein Stück Identität und ein Gradmesser politischer, wirtschaftlicher und sozialer Stabilität.«

Der Präsident der Europäischen Zentralbank, die seit dem 1. Juli 1998 Wächterin der Geldwertstabilität ist, nahm die Auszeichnung in Aachen entgegen. Dort werden seit 1950 die Karlspreisträger geehrt, darunter unter anderen Richard N. Coudenhove-Kalergi (für die »Paneuropa-Union« mit ihrem Ziel der Verwirklichung eines europäischen Staatenbundes), Alcide De Gasperi 1952 (für den italienischen Einsatz zur Gründung der NATO und die Integration Europas), Paul Henri Spaak 1957 (für die Zusammenarbeit der Benelux-Staaten und die europäische Einigung), Robert Schuman 1958 (für die Schaffung

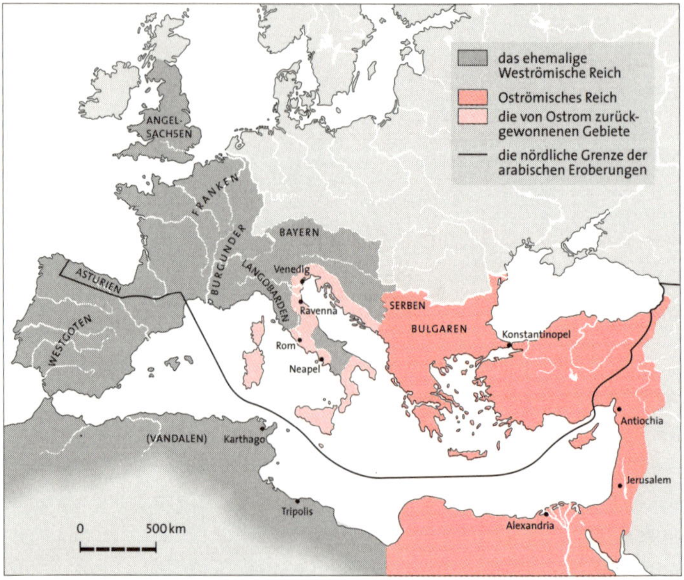

Europa bis 750

der Montanunion), Edward Heath 1963 (für die britischen Beitrittsverhandlungen zur Europäischen Wirtschaftsgemeinschaft), Salvador de Madariaga 1973 (als Exponent westeuropäischer Kultur und Liberalität), François Mitterrand und Helmut Kohl 1988 (für ihre besonderen Verdienste um die europäische Einigung), Václav Havel 1991 (als Mitbegründer der Bürgerrechtsbewegung in der ČSSR und einer der Initiatoren der »sanften Revolution« in Mitteleuropa), Franz Vranitzky 1995 (für den EU-Beitritt Österreichs) und Bill Clinton 2000 (für seine Bemühungen um Irlands Friedensgespräche).

Die alljährliche Preisverleihung in Aachen zeigt, dass der Karlskult immer noch in Anspruch genommen werden kann. Er schöpft aus reichen historischen Quellen: Christentum und imperiale Tradition, die Berufung auf europäische Kunst und Kultur. Das Christentum

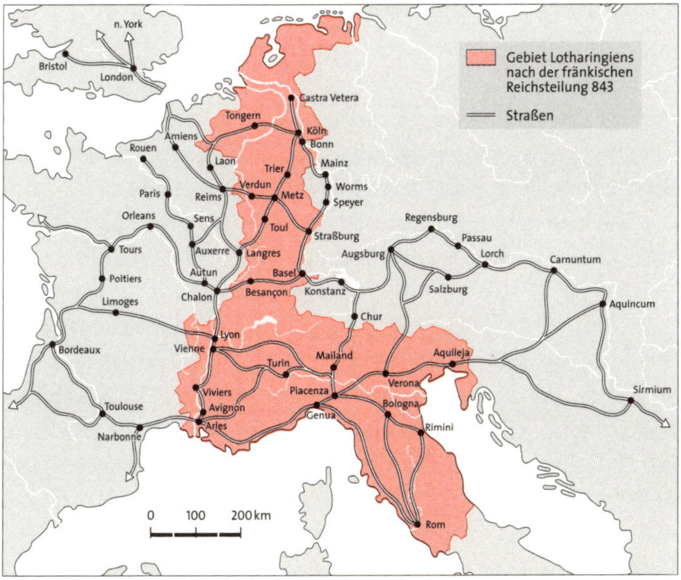

Römische Straßenzüge in der Zeit um 850. Das von den Römern aufgebaute europaweite Straßensystem beförderte in der Zeit nach Karl dem Großen den Waren- und Kulturaustausch.

war nicht nur offensiv, sondern auch aufnahmefähig, die Botschaft der Christen universal: Die »große religiöse und ideologische Neuheit des westlichen Europa« (Jacques Le Goff) hatte sich gegenüber orientalischen Religionen und dem römischen Kaiserkult behauptet und sich der griechisch-römischen Welt als identitätsstiftende Weltanschauung des Imperium Romanum angeboten. Der Aufstieg des Bischofs von Rom zum Papst, die Taufe des Merowingers Chlodwig (ca. 498) und die Krönung Karls des Großen zum Kaiser durch Papst Leo III. am Weihnachtstag des Jahres 800 in Rom waren Stationen auf dem Weg des Zusammenwachsens von römisch-lateinischen und romanisch-germanischen Traditionen. Die römisch-katholische

Kirche war dabei der Kern des neuen Reiches, das sich als Erbe des Imperium Romanum verstand.

Im Dezember 1165, während der Stauferherrschaft und des Schismas, erfolgte Karls Heiligsprechung: Im Beisein Friedrich Barbarossas schreibt Gegenpapst Paschalis III. Karl den Großen in Aachen in das Buch der Heiligen ein. Die Karlsverehrung verbreitete sich schnell durch Bildnisse und Statuen und wurde fester Bestandteil historischer Rückbesinnung. Sie diente schon früh als ideologisches Vehikel und politisches Identifikationsmittel.

Die Idee von Europas Einheit, die ›Geburt des Abendlands‹, blieb mit Karl dem Großen verknüpft, obwohl von europäischem Bewusstsein in der karolingischen Epoche noch kaum etwas zu spüren war. Die Leitmotive des Mittelalters hießen *christianitas* und *ecclesia*. Um die Jahrtausendwende war das Wort »Europa« in der lateinischen Christenheit nicht unbekannt, sein Inhalt aber noch unbestimmt. Klar war nur, dass man dazugehörte, was schon einiges bedeutete. Das Wort »Europa« ist bereits in antiken Texten zu finden. Die Wurzel »ereb« verweist auf das Dunkle, die Gegend, wo die Sonne untergeht, das »Abendland«. So nannten es die an der kleinasiatischen Küste lebenden Phöniker. Die Griechen gebrauchten das Wort für das gestaltlose nördliche Land der »Barbaren«. Der Begriff blieb aber vage und wurde nur selten verwendet. Eine griechische Sage aus Homers Zeiten erzählt von Europe, der Tochter des Agenor – Stammvater der Phönizier – und Schwester des Kadmos, die Zeus in Gestalt eines Stiers nach Kreta entführte und dort mit ihr die Söhne Rhadamanthys, Minos und Sarpedon zeugte. Diese Entführung ist fester Bestandteil der abendländischen Kunstgeschichte geworden.

Dante Alighieri

Der Florentiner Dante Alighieri (1265–1321) war der erste abendländische Denker, der als Anhänger des Kaisers für die Unabhängigkeit von Florenz gegen die Ansprüche der Papsttreuen (der »Guelfen«) auftrat. Dem Weltherrschaftsanspruch von Papst Bonifatius VIII. – »Bulla Unam Sanctam« (1302) – widersprach er: Weder das Alte noch das Neue Testament habe einem Priester anvertraut, sich um weltliche Dinge zu kümmern; derlei sei gegen die Natur der Kirche. Der Papst habe die Aufgabe, der Offenbarung folgend, das Menschengeschlecht zum ewigen Leben hinzuführen, und der Kaiser dafür Sorge zu tragen, nach den Lehren der Philosophie den Erdenbewohnern zum irdischen Glück zu verhelfen, also für Freiheit und Frieden zu sorgen. Erwartungsvoll war Dante dem römisch-deutschen König, dem Luxemburger Heinrich VII., dem »Erben Roms« und »Ordner Italiens«, auf dessen Romzug (1312) entgegengeeilt. Der in universalen Kategorien denkende Schöpfer der enzyklopädisch angelegten *Divina Comedia* (Göttliche Komödie) erwartete sich von Heinrich die »Erneuerung der Reichs«. Die historisch begründete Sehnsucht nach Wiederherstellung des (römischen) Kaiserreiches und der Wunsch nach Unterwerfung der Fürsten und Monarchen unter seine Autorität war – angesichts der Fremdherrschaft der Franzosen und Spanier im unteritalischen Raum, der aufstrebenden lokalen und regionalen Gewalten der lombardischen Republiken sowie der wachsenden Macht der Reichsfürsten – als rückwärtsgewandte politisch-ideologische Utopie zu verstehen, die an den Gegebenheiten des 14. Jahrhunderts in Mittel- und Südeuropa scheiterte. Der »Propagandist des Reichs« sah in einer den ganzen Kontinent umfassenden Monarchie das Ziel und neben dem Papst vor allem in Frankreich den Feind dieser Idee, das die Universalität des Heiligen Römischen Reichs nicht anerkannte. Dante zufolge konnte nur eine solche Universalherrschaft Frieden sichern und die verschiedenen einzelnen Gemeinwesen zu einer geregelten Ordnung zusammenfassen. Seiner Auffassung nach wäre hierzu die Herrschaft eines Einzelnen erforderlich. Wie das gesamte Universum seinen Oberherrn in Gott hat, so sollte die Menschheit einen obersten Herrscher, einen Weltmonarchen

Im Dom Santa Maria del Fiore, dem Ort der Lesungen seiner Göttlichen Komödie, hält Dante auf dem 1465 anlässlich seines 200. Geburtstages bei Domenico di Michelino in Auftrag gegebenem Gemälde eben dieses Buch in der Hand. Der Bildhintergrund entspricht den Abschnitten Hölle (links), Läuterungsberg (Mitte) und Paradies (rechts).

haben. Auf diese Weise gleiche sich die Ordnung der Menschheit der von Gott gelenkten Schöpfung an. Nur so war Dantes Vorstellungen gemäß eine Instanz vorhanden, die Fürstenzwist schlichten und der Welt Gerechtigkeit bringen könne. Nur unter der Herrschaft des Augustus (»Pax Romana«) sei die gesamte Welt befriedet gewesen. Die Autorität des Kaisers stamme wie beim Papst unmittelbar von Gottes Gnaden: In seiner Schrift *Monarchia* wandte sich Dante nicht gegen den Papst, sondern versuchte, die Gegensätze zwischen ihm und dem Kaiser auszugleichen. Im Sinne der Zwei-Schwerter-Lehre sprach er sich gegen den Vorrang der Kirche aus. Beide Schwerter seien ihren

Trägern unmittelbar von Gott übergeben, so dass sich keiner in die Sphäre der anderen einzumischen habe. Die herbeigesehnte Weltherrschaft sollte aber die Eigenheiten der Völker durch unterschiedliche Gesetze berücksichtigen. Der Kaiser, dessen Macht nur so weit reichen sollte wie der Einfluss des Christentums, sollte Teilherrschern lediglich allgemeine Anweisungen geben und die Menschheit, zu der Dante nur die christliche rechnete, so zum Frieden führen. Erstmals seit der Antike wurde damit indirekt der Gedanke der Föderation ausgesprochen. Die guelfische Partei bewirkte Dantes Verbannung aus Florenz.

Pierre Dubois

Mit dem Ende der Stauferherrschaft in Unter- und Mittelitalien schwand der universale Herrschaftsanspruch des Kaisers. In Westeuropa bildeten sich frühmoderne Staatswesen. Der Amtsanwalt und Propagandist des französischen Königs Philipp des Schönen Pierre Dubois, auch Petrus de Bosco (~1255–1321) genannt, entwickelte eine neuartige universalistische Herrschaftskonzeption auf föderativer Grundlage. Die Einnahme Akkons durch die Mamelucken (1291), wodurch den Christen das »Heilige Land« endgültig verloren ging, veranlasste ihn zu der Flugschrift *De recuperatione Terre Sancte* (Über die Wiedereroberung des Heiligen Landes) (1306), die er als Vorbedingung für einen neuen Kreuzzug, die Schaffung eines weltweiten Friedens innerhalb der gesamten Christenheit und ein vom Papst geleitetes Konzil aller geistlichen und weltlichen christlichen Fürsten forderte. Die Ablenkung der militanten Kräfte nach außen sollte Frieden unter allen Mitgliedern schaffen. Verbleibende Konflikte werden durch jeweils drei Prälaten und drei weltliche Fürsten für jede Partei beigelegt, die vom Konzil zu bestimmen sind. Gegen die Entscheidung der Schiedsrichter war nur die Anrufung der päpstlichen Instanz möglich. Ein Friedensbrecher konnte durch Güterentzug und »Frontbewährung« gemaßregelt werden: Seine kriegerische Eignung konnte er gegen die Ungläubigen beweisen. Vorrechte des römischen Kaisers fehlten gänzlich. Dubois ging von der hegemonialen Stellung des französischen Königs aus, der einer Delegiertenversammlung europäischer Monarchien vorstehen sollte. Der Gedanke vom *bellum iustum* (gerechter Krieg) war mit der konziliaren Idee und dem Papst als letzter Anrufungsinstanz verknüpft.

Philipp folgte den Ratschlägen seines Juristen nicht. Er war ein pragmatischer Staatsmann, der für Experimente nichts übrig hatte. Mit dem Konzept war jedoch die Idee einer europäischen Föderation geboren. Im Völkerrecht gilt Dubois als Schöpfer der *obligatorischen* und *permanenten* Schiedsgerichtsbarkeit, die als solche punktuell freilich schon vor seiner Zeit praktiziert worden war. Sie sollte sich auf einer politischen Organisation der gesamten zivilisierten Welt gründen, war also global gedacht. Ohne entsprechenden politischen Willen war das aber nicht durchsetzbar – und dieser fehlte beim König.

Georg Podiebrad

Dubois' Gedanken finden sich bei Podiebrad (1420–1471) wieder, dem letzten nationaltschechischen König. Er schlug, auf Anregung seines Beraters und Dolmetschers Antonio Marini, einen Beistands- und Nichtangriffspakt christlicher Herrscher vor. Bestandteile dieses Vertrags waren: Wiedergutmachung in Streitfällen zwischen Vertragspartnern, Bestrafung von Rechtsbrechern, Schiedsgerichte, Interventionsrecht im Falle eines Friedensbruchs, Isolation und Ächtung des Aggressors, eine den Zeitumständen angepasste Rechtsordnung mit einem »allgemeinen Generalkonsistorium« (Gerichtshof), Unverzüglichkeit des Verfahrens mit richterlicher Gewalt, Neuaufnahme von Gleichgesinnten, Einstimmigkeits- bzw. verbindliche Mehrheitsbeschlüsse bei Angriffen eines »Feindes«, einheitliches Münzwesen zur Erleichterung der Organisation der Verteidigung, Quartierbestellung

In ähnliche Richtung weist die Einrichtung d. Reichstages, da dieser eine Plattform zur Konfliktlösung auf friedlichem Wege schuf. Damit stiegen die Chancen, militärische Konflikte großer u. kleiner Adliger (und auch d. Städte) durch friedliche Ausgleichslösungen zu ersetzen.

Gremialsystem.
utierte mit Voll-
ngsorte (»Rota-
nenden Kompe-
barkeit auf. Auch
eit sollten »An-
bereits vorhan-
rch Sanktionie-
e und Steuern)
htungsfunktion
nstantinopel er-
Grundlage und
der den selbst-
er sich mit mo-
testbewegung,

Der Plan eines säkularisierten europäischen Staatenbundes diente besonders Georgs politischer Legitimität in Böhmen. Die Rezeption seiner Ideen reicht bis zum »Prager Frühling« 1968, dessen Reformbestrebungen die Truppen des Warschauer Pakts im August desselben Jahres ein Ende setzten. Podiebrad wurde von den Aufständischen in ihrem Kampf gegen die Breschnew-Doktrin als Beleg für die Tradition des tschechischen Europabewusstseins reklamiert. Waren Dante und Dubois noch der universalistischen Einheit des Mittelalters verpflichtet, so wird diese durch Podiebrad aufgegeben. Sein Bund verlangt Verzicht auf selbständige Kriegführung, Finanzhoheit und Außenpolitik, garantierte aber Existenz und Unabhängigkeit der Gliedstaaten.

Mit diesen Ideen war der Weg für Europa als *weltlichem* Bundesstaat vorgezeichnet. Die Verteidigung des Glaubens sollte dem Bund anheimfallen, das heißt der weltliche Fürst sollte auch in religiösen Fragen keine Autorität mehr über sich dulden.

Sebastian Münster

Die Idee der Universalmonarchie war gesamteuropäisch angelegt und nicht auf eine Dynastie beschränkt, da das Kaisertum keine Erb-, sondern eine Wahlmonarchie war. Karl V. verkörpert den letzten Versuch einer europäischen Hegemoniebildung vor der Französischen Revolution und ist durch sein Selbstverständnis als ein weiterer »Ahnherr der europäischen Einigung« betrachtet worden, dessen Herrschaft globale Ausmaße erreichte. Er herrschte durch die kluge Heiratspolitik seiner Vorfahren über Burgund, die Niederlande, die spanischen Königreiche, den Süden Italiens, die Kolonien in Amerika, die österreichischen Erblande und das Heilige Römische Reich. Karl V. erwog übernationale Herrschaftspläne zur Ausschaltung des französischen Königtums als permanenten Rivalen, indem er dieses auflösen und in kleinere Einheiten aufteilen wollte. Das Bestreben Frankreichs, das römisch-deutsche Kaisertum einzunehmen, blieb unerfüllt. Alle Monarchen Frankreichs bis Ludwig XIV. empfahlen sich als Gegenkandidaten des Hauses Österreich. Das Europa Karls V. wurde in der zeitgenössischen Kunst durch eine gekrönte Jungfrau verkörpert.

Eine berühmte Darstellung Europas stammt von dem Hebraisten Sebastian Münster (1489–1552) – nach Johannes Reuchlin (1455–1522) der bedeutendste seines Fachs in Deutschland –, der 1534/1535 die erste christliche Ausgabe der hebräischen Bibel herausbrachte. Sein Ruhm gründet sich vor allem auf die *Cosmographia* (1544), aus der das Europabildnis stammt, eine Weltbeschreibung in sechs Büchern mit zahlreichen Karten und Abbildungen. Ihr Konzept verband die Kompilation von aktuellen Daten mit der Auswertung schriftlicher Quellen von der Antike bis ins 16. Jahrhundert. Das erste Buch bein-

Europabildnis von Sebastian Münster: Der Kopf ist Spanien, der Nabel Böhmen, die Brust Frankreich und Deutschland, Arme und Hände sind Italien und Dänemark, von denen die eine den Reichsapfel, die andere das Zepter trägt. Russland und die Balkanländer bilden die Falten des Kleides.

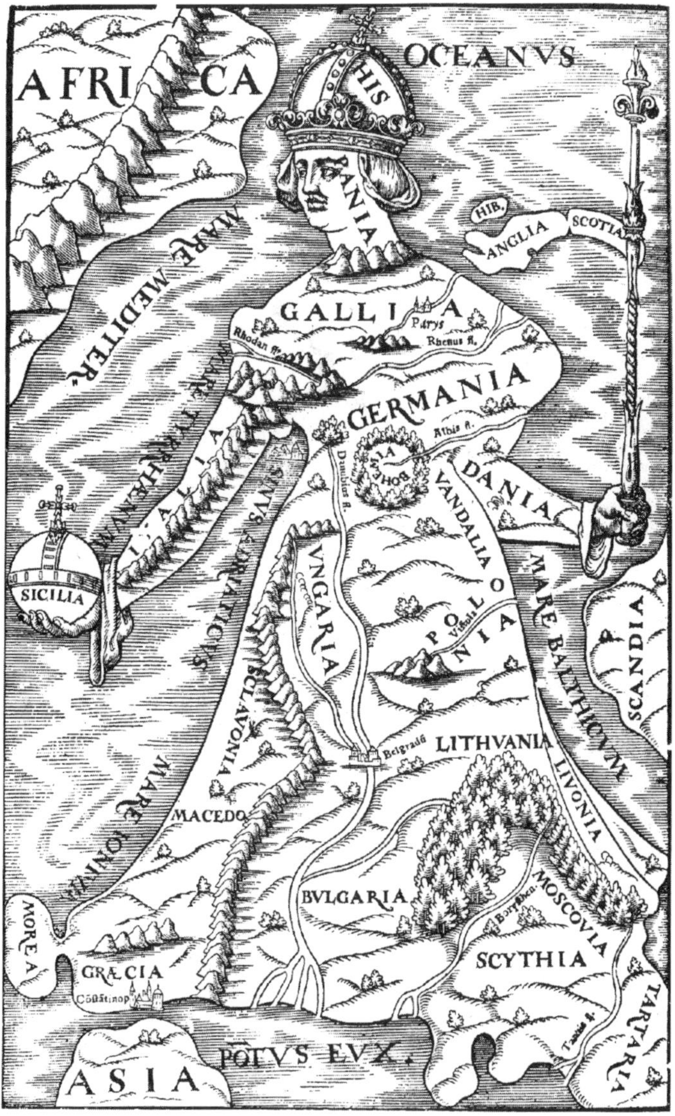
AFRICA
OCEANVS
HIS PANIA
MARE MEDITER.
MARE TYRRHENVM
ITALIA
SICILIA
GALLIA
Parys
Rhodan fl.
Rhenus fl.
GERMANIA
Albis fl.
BOHEMIA
Danubius fl.
SINVS ADRIATICVS
HIB.
ANGLIA
SCOTIA
DANIA
VANDALIA
MARE BALTHICVM
SCANDIA
VNGARIA
POLONIA
Vistula fl.
SCLAVONIA
Belgradū
LITHVANIA
LIVONIA
MARE IONIVM
MACEDO
MOREA
BVLGARIA
MOSCOVIA
Borysthen.
SCYTHIA
GRÆCIA
Cōstātinop
TARTARIA
Tanais fl.
POTVS EVX.
ASIA

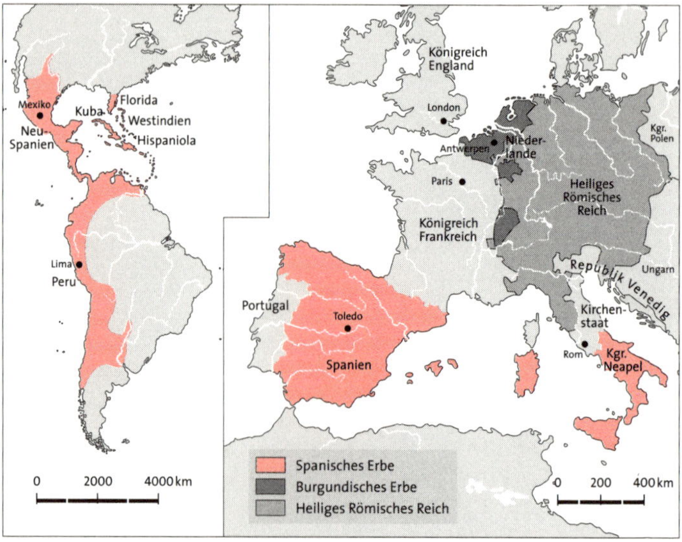

Europa zur Zeit Karls V. (Anfang 16. Jahrhundert)

haltete »physische Geographie«, das zweite und dritte bestand aus einer Übersicht über Lage und Grenzen Europas und eingehender Beschreibung der einzelnen Länder. 1536 bringt er in deutscher Sprache die *Mappa Europae* heraus – eine Sammlung von Landkarten, die er mit Hilfe von zahlreichen Gelehrten und der Unterstützung von mehreren Fürsten erstellte.

Mit der Herrschaft (1519–1556) Karls V. war kulturell das Zeitalter von Humanismus und Renaissance verbunden. Die Humanisten Europas, geleitet vom wachsenden Selbstinteresse, Bedürfnis nach Eigenverantwortung und versucht, sich von kirchlicher Bevormundung zu emanzipieren, waren allerdings nicht immer kosmopolitisch orientiert. Sie befassten sich nicht nur mit Rekonstruktionen von Genealogien und nationalen Charakterisierungen, sondern setzten dabei auch andere Nationen gerne herab.

Karl V. soll fünf Sprachen gekonnt und selten lange an einem Ort in seinem Reich geweilt haben – zumal »alle Welt« sich gegen ihn zu erheben versuchte. Zuerst Franz I., König von Frankreich, den er 1525 bei Pavia besiegte und in Gefangenschaft nahm, dann Papst Clemens VII., der sich ihm 1527 unterwerfen musste. Schließlich folgten die aufständischen Fürsten im Reich. Der sich mit ihnen verbindende Protestantismus erwies sich als widerspenstig. Die durch Einfluss von Calvin, Luther und Zwingli zwischen 1525 und 1535 auch politisch außer Kontrolle geratene gesamteuropäische Reformationsbewegung führte zu Gewaltausbrüchen, Bilderstürmerei und den Bauernkriegen und konnte auch durch die mit großer Härte gegen »ketzerische« Umtriebe vorgehende kirchliche Autorität nicht mehr gebändigt werden.

Der Anspruch eines europäischen Universalreiches spanischer Prägung von Karl V. und seinem Nachfolger Philipp II. ließ sich nicht mehr aufrechterhalten. Im Augsburger Religionsfrieden (1555) war mit dem Grundsatz *cuius regio, eius religio* (wessen Herrschaft, dessen Religion) die konfessionelle Spaltung beschlossene Sache. Karl V. dankte 1556 in Brüssel ab. Es gab nun kein gemeinsames religiöses Fundament mehr, auf dem eine einheitliche Kultur hätte entstehen können. Die Kirchen und das Christentum konnten den sich formierenden Staaten keine entscheidenden Impulse mehr geben, sie blieben aber wertbestimmende Instanzen und normierten den Alltag weiterhin. Seither dominierte der Souveränitätsgedanke der frühen Nationen England, Frankreich, Holland, Spanien und Portugal. Die modernen Staaten forderten die Trennung von Kirche und Staat, und somit mehr Souveränität für sich.

Althusius

Der deutsche Rechts- und Staatsphilosoph Johannes Althaus »Althusius« (1557–1638) ging in seiner *Politica methodice digesta* (Aufzählung von Methoden in der Politik) aufgrund der kalvinistischen Naturrechtslehre von der Überlegung aus, dass die staatliche Gewalt beim Volk und den Ständen liegen müsse. Die Regierenden besäßen nur anvertraute Macht, wobei sie die Bürgerfreiheiten und religiösen Gewissensüberzeugungen zu achten hätten. Seine Vorstellung basierte auf der Einsicht, dass ein Staat nicht als homogene Masse von Einzelnen, sondern als »symbiotische Universalgesellschaft« aus Gemeinden, Provinzen und Regionen anzusehen sei, die sich ihrerseits aus Familien, kirchlichen und weltlichen Gemeinschaften zusammensetzten. Darin erblickte Althusius die Chance, über die Staatsgrenzen hinaus zu größeren Verbänden und zu übergeordneteren Strukturen zu gelangen und die Einzelstaaten im Verbund auf einer mittleren Größe zu halten, die für sie am besten sei.

Mit dem Augsburger Religionsfrieden und der Abdankung Karls V. schien der Pluralismus der Konfessionen rechtlich gesichert und der Protestantismus sich behauptet zu haben. Er war die bisher größte Herausforderung für die katholische Kirche. Das Konzil von Trient (1546–1563) eröffnete dann den Weg zur Gegenreformation. Die katholische Kirche basierte nun auf Reformdekreten, aber auch auf gefestigten dogmatischen Grundsätzen und gewann durch die Pracht der barocken Kunst ein neues, eindrucksvolles Profil. Augsburg war daher ein »gläserner Friede« (Winfried Schulze), der nur über ein halbes Jahrhundert Europa mit seiner kulturellen Vielfalt verkörperte.

Das habsburgische Spanien, die Supermacht der Epoche, war mächtigstes Bollwerk des katholischen Glaubens, der sich zu einem zentralen Element der staatlichen und vornationalen Identität entwickelt hatte. Hauptgegner blieb Frankreich – ein politisches Leitmotiv der Geschichte Europas. Die Machtstellung der Iberischen Halbinsel Spanien wurzelte nicht nur in seinen eigenen Ressourcen, sondern auch in Schätzen seines Kolonialreiches, vor allem dem Silberreichtum Amerikas. Sie war auch Folge der inneren Schwäche Frankreichs, das durch die Hugenottenkriege paralysiert worden war. Noch um

1600 war offen, ob sich dieses Land zum zentralistischen oder polyzentrischen Staat entwickeln würde. Die innere Befriedungspolitik Heinrichs IV., die mit dem Toleranzedikt von Nantes (1598) ihren konkreten Ausdruck fand, bildete die Basis für den französischen Aufstieg. Spanien betrieb auch gegen das protestantische England, das unter der letzten Tudorregentin Elizabeth I. eine wirtschaftliche und kulturelle Blüte erlebte, eine scharf umrissene Außenpolitik. Philipp II. scheiterte jedoch, die Britische Insel mit seiner auf allen Weltmeeren bis dato unbesiegbaren »Armada« zu blockieren (1588). Ihre Niederlage leitet den Niedergang der spanischen Vorherrschaft in Europa und den Aufstieg Englands zur führenden Seemacht der Welt ein.

Sullys »Grand Dessin«

Maximilien de Béthune Herzog von Sully (1560–1641), Berater und Minister des französischen Königs Heinrich IV., entwickelte um 1640 einen Entwurf zur Reorganisation Europas. Er hatte seit 1576 in den Hugenottenheeren gekämpft. Aufgrund militärischen und politischen Geschicks sowie religiöser Prinzipientreue gewann er das Vertrauen Heinrichs IV. von Navarra, der ihn nach der Thronbesteigung in seine Regierung berief. Nach Ermordung Heinrichs (1610) schied er aus. In seinen *Mémoires ou Oeconomies royales d'Estat*, die 1662 in Paris erschienen, breitete er einen Plan zur Bildung einer Föderation der christlichen Staatenwelt aus, dessen Urheberschaft er Heinrich zuschrieb. Fünfzehn gleich starke Staaten sollten einen europäischen Bund bilden. Ihre Vertreter würden mit bewaffneter Macht gemeinsam über den Frieden wachen. Um dem »Großen Entwurf« ein höheres Prestige zu verleihen, ordnete Sully dieser Struktur sechs große Erbmonarchien (Frankreich, Spanien, Großbritannien, Dänemark, Schweden und die Lombardei), fünf Wahlmonarchien (Papst, Kaiser, die Könige von Ungarn, Böhmen und Polen) und vier Republiken (die Schweiz, Niederlande, Venedig und eine neu zu schaffende italienische Republik, die sich bereits mit Venedig, Mailand, Florenz, Neapel-Sizilien und dem Kirchenstaat zu einer inneren Pentarchie formiert hatte) zu. Dieser Verbund wäre mit einem Generalrat ausgestattet, in dem die höchsten politischen und richterlichen Funktionen vereinigt werden sollten, sowie durch sechs regionale Räte. Die Habsburger hätten damit nicht nur ihre Hegemonialstellung am Kontinent, sondern auch wichtige Gebiete und ihren Einfluss auf den Weltmeeren verloren. Die spanischen südlichen Niederlande, das spätere Belgien, sollten zum Beispiel an die Vereinigten Niederländischen Provinzen und Tirol an die Schweiz fallen. Das so neu gestaltete Europa sollte in der Lage sein, Türken und Russen, die als nichtchristlich galten, in die Schranken zu weisen, wobei Sully auch Überlegungen über das Ausmaß der europäischen Kontingente für einen Krieg gegen die Muselmanen und Orthodoxen anstellte. Konfessionen sollten unangetastet bleiben. Der Bund war gegen den türkischen Sultan gerichtet, während der Zar berechtigt war, dem Bündnis beizutreten. Der Präliminarartikel mit der Beschränkung der Hausmacht der Habsburger war Kernstück des Plans, während der Kaiser ausgehend von der »Goldenen Bulle« 1356 als Oberhaupt weiter von den Kurfürsten gewählt werden sollte. Die Bevollmächtigten aller Staaten der christlichen Republik sollten an wechselnden Orten (Metz, Luxemburg, Nancy, Köln, Mainz, Trier, Frankfurt, Würzburg, Heidelberg, Speyer, Worms, Straßburg, Basel oder Byzanz!) tagen.

Der Dreißigjährige Krieg (1618–1648) war ein europäischer Krieg schlimmsten Ausmaßes. Keine militärische Auseinandersetzung hatte bisher und noch weit danach so viele Opfer gefordert. Internationale Konflikte, strittige Verfassungsprobleme und konfessionelle Streitfragen hatten sich vermengt. Neben der Religion war die Habsburger Hegemonie in Frage gestellt. Ohne spanisches Geld und Militär wie den ausgezeichneten Heerführer Albrecht von Wallenstein (1583–1634) hätte die Dynastie den Konflikt nicht durchhalten können. Mitentscheidend für seinen Ausgang waren Aufstieg und Invasion Gustav Adolfs II. von Schweden (1594–1632), der die Machtposition des Kaisers schwächte, der Abstieg Spaniens, das wirtschaftlich ausgezehrt und mit inneren Aufständen konfrontiert war, sowie die Konsolidierung Frankreichs unter Führung der Kardinäle Richelieu (1585–1642) und Mazarin (1602–1661).

Der am 24. Oktober 1648 in Münster und Osnabrück geschlossene Westfälische Friede regelte nicht nur die territorialen Verhältnisse, sondern bestätigte auch den Augsburger Religionsfrieden (1555) unter Anerkennung des Calvinismus als dritte Konfession. Die Gegenreformation war damit vorerst gescheitert. Der Faktor Religion geriet ins politische Abseits. Die Säkularisierung nahm ihren Anfang. Der Friede legte mit den »Garantiemächten« Frankreich und Schweden (Russland in dessen Nachfolge 1779) eine Reichsverfassung zum Schutz der territorialen Integrität fest, die mit dem Kaiser als oberstem Lehensherrn eine europäische Dimension hatte und bis zum Ende des Heiligen Römischen Reichs (1806) gelten sollte. Die Fürsten erhielten weitgehende außenpolitische Handlungsfreiheit und Bündnisrecht, was sie zur Erweiterung ihrer Hausmacht nutzten.

Die bisher vorgestellten Europaprojekte bewegten sich im Spannungsfeld von Kaisertum und Souveränität frühmoderner Staaten. Zur Theorie und Praxis der Schaffung einer europäischen Einheit im Mittelalter und zu Beginn der Neuzeit hatten die Vorschläge Dantes, Dubois', Podiebrads und Sullys trotz aller unterschiedlichen Zielsetzungen das Empfinden der kulturellen Einheit des christlichen Europa erkennen lassen.

William Penn

Der in London geborene Sohn eines Admirals, William Penn (1644–1718), der sich bereits als Student den Quäkern angeschlossen hatte, legte 1693 einen *Essay toward the Present and Future Peace of Europe* vor. Ein »Europäischer Reichstag« oder ein Bundesparlament sollte geschaffen werden, mit einer Armee ausgestattet sein und das Recht zu Majoritätsbeschlüssen haben. Sein Vorschlag kann als Völkerbund des 17. Jahrhunderts oder als Vorläufer des Europaparlaments bezeichnet werden, wenn beiden auch aufgrund des Einstimmigkeitsprinzips im Völkerbundsrat bzw. Ministerrat exekutive Gewalt und machtpolitische Kompetenz fehlten. Penn hatte als Frühkonstitutionalist eine europäische Föderativverfassung nach niederländischem Muster im Auge, auf die alle europäischen Fürsten und Herrscherhäuser eingeschworen werden sollten, um für Europa eine dauerhafte Sicherheitsordnung zu schaffen. Im Gegensatz zu seinen Vorgängern wollte Penn »Moskowiter« *und* Türken aufnehmen, für dessen Obersten Rat, den »Reichstag«, er sich eine Verfassung, Geschäftsordnung und einen Obersten Gerichtshof ausgedacht hatte. Bevollmächtigte der souveränen Fürsten sollten in das Gremium entsandt werden, das wechselseitige Rechtsbestimmungen festzulegen hatte. Durch nicht zu häufige, aber regelmäßige Sitzungen sollte der »souveräne« Reichstag Streitschlichtungsinstanz sein, darüber hinaus aber auch kollektiv-verbindliche Polizeimaßnahmen im Sinne von Interventionen gegen Staaten ergreifen, die sich den Grundsätzen der Gemeinschaft widersetzten. Nicht jedes Land hatte eine Stimme. Die Voten der Delegierten im Reichstag sollten nach den jährlichen Einkünften der Länder bzw. dem Umfang des Außenhandels, der Zolleinnahmen und Steuererhebungen bemessen werden. Das Deutsche Reich sollte zwölf, Frankreich und Spanien je zehn, Italien acht, England sechs, Schweden, Polen und die Vereinigten Niederlande je vier, Portugal, Dänemark und Venedig je drei sowie die Herzogtümer Holstein und Kurland je einen Vertreter haben. Türken und Russen sollten zehn Stimmen erhalten. Das war sensationell, hatte doch der Kampf gegen die »Ungläubigen« bisher das schlagende Argument für Einigungsvorschläge gebildet. Penns Motive zielten auf Frieden für den Kontinent und sind von Wohltätigkeitsgedanken getragen: Das Ansehen der Christen würde bei den Ungläubigen wieder gewinnen, nachdem es durch ununterbrochene Bluttaten untereinander so eingebüßt hatte. Ersparte Kriegskosten könnten Wissenschaft und Gewerbe zugute kommen, Handel und Verkehr sich viel besser entwickeln. Von der Realisierung seines Plans erhoffte er sich das Ende der Türkeninvasionen. Britannien war Teil seines Europakonzepts. Die Überlegungen antizipierten die britische Hegemonialstellung und seine zukünftige Mittlerrolle für Europa gemäß einer *balance of power*.

Saint-Pierre und Rousseau

Der Literat Abbé Charles Irenée de Saint-Pierre (1658–1743) legte 1712/1713 einen Friedensplan (*Projet pour rendre la paix perpétuelle en Europe*) vor, welcher durch Bildung eines »europäischen Senats« – eine ständige Versammlung von Delegierten der föderierten Souveräne als »höchste Autorität« – realisiert werden sollte. Aus einer alten Adelsfamilie stammend, bekleidete Saint-Pierre ein hohes geistliches Amt am königlichen Hof. Zudem betätigte er sich als Schriftsteller und Mitglied der Académie Française, die ihn jedoch ausschloss, weil er die Herrschaft des Sonnenkönigs Ludwig XIV. kritisiert hatte. Dessen »Exkursionen« in die Pfalz hatten dort deutliche Spuren hinterlassen und heftige Kritik hervorgerufen.

Der Senat sollte – ähnlich dem Konzept von Penn – mit einer Armee ausgestattet sein und das Recht zu Mehrheitsentscheidungen haben. Wie sein Vorgänger lehnte Saint-Pierre eine Neuaufteilung Europas ab. Der Status quo sollte auf der Grundlage des Vertrages von Utrecht (1713) festgeschrieben werden, an dessen Zustandekommen Saint-Pierre als Sekretär beteiligt gewesen war. Dieser Friede, der die Sanktionierung des Gleichgewichtssystems des Westfälischen Friedens brachte, hatte den Spanischen Erbfolgekrieg (1701–1714) beendet, der ein Sieg britischer Gleichgewichtspolitik war. Philipp V. erhielt Spanien und die Kolonien, während die spanischen Nebenländer

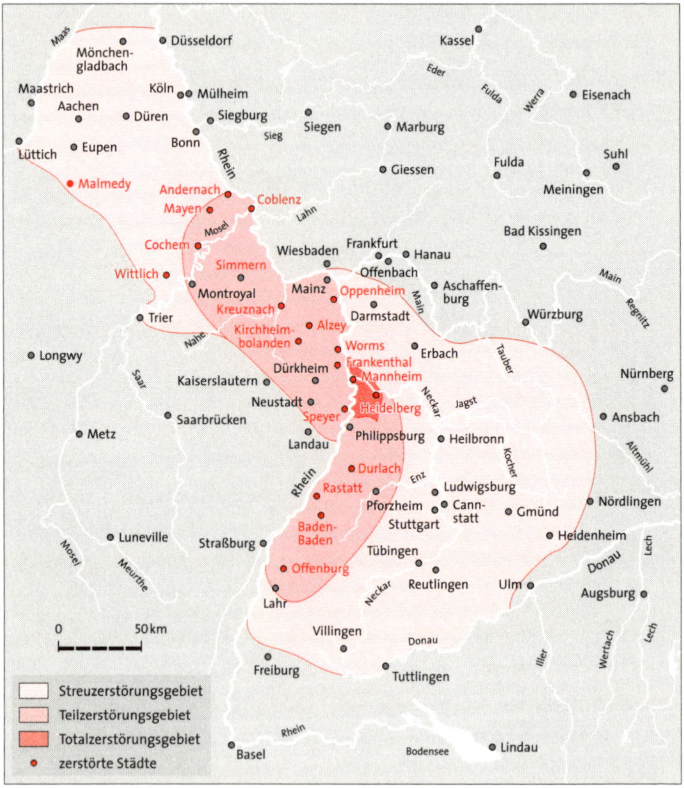

Expansionskriege unter Ludwig XIV.: Zerstörungsgebiete in der Pfalz 1688/1689

(Neapel, Mailand und die südlichen Niederlande) an das Haus Habsburg gingen. Gibraltar wurde britisch.

Die christlichen Staaten formierten sich Saint-Pierre zufolge in einer Föderation, um auswärtigen Gefahren wie Kriegen im Inneren vorzubeugen. Die bestehenden Herrschaftsformen sollten unangetastet bleiben. Bei Streitigkeiten sollte der Senat entscheiden und eine widerspenstige Partei durch Krieg zum Nachgeben oder zur Unterwerfung zwingen. Militärische Gewalt war als letztes Mittel gegen eine Minderheit von Staaten vorgesehen, wenn diese sich weigerte, der Föderation beizutreten, obwohl diese mit qualifizierter Mehrheit beschlossen worden war. Im Senat sollten nur die größeren Staaten eine Stimme haben, die kleineren dagegen gruppenweise vertreten sein, jede Gruppe mit je einer Stimme. Der Abbé wurde von den Zeitgenossen belächelt. Als Friedrich II. von Preußen (1712–1786), der in jungen Jahren mit seinem *Antimachiavell* (1741) für Aufsehen gesorgt hatte, nach seiner Thronbesteigung Schlesien eroberte, reagierte Saint-Pierre mit seiner Schrift *L'énigme politique* (1742), die den König aufforderte, sich schuldig zu bekennen und anstatt auf der Annexion zu bestehen den Fall einem britisch-niederländischen Schiedsgericht anzuvertrauen. Das wäre nicht nur im französischen, sondern auch im österreichischen Sinne gewesen. Friedrich antwortete mit einer anonymen Gegenschrift *Anti-St.Pierre ou réfutation de l'énigme politique de l'Abbé de St. Pierre*: Die Ungerechtigkeit des Krieges gegen Habsburg sei nicht nachweisbar, die Regelung durch einen Reichstag illusionär. Den an seinem Hof tätigen Voltaire (1694–1778), Pazifist und Kosmopolit, ließ er wissen, dass ihm Saint-Pierre die Ehre erwiesen habe und dessen Friedensplan »sehr praktisch« sei, außer dass »nichts als die Zustimmung Europas und einige andere Kleinigkeiten dieser Art« fehlen würden.

Der Genfer Philosoph Jean-Jacques Rousseau (1712–1778), der den Friedensplan Saint-Pierres nochmals posthum herausgab, kommentierte als Bewunderer der Reichsverfassung dessen Vorstellungen von einem europäischen Fürstenbund ausgewogen. Obwohl von Zeitgenossen verhöhnt, wurde Saint-Pierres Entwurf Vorbild für französische Internationalisten und Pazifisten. An Rousseaus Kritik neuartig war die Beobachtung, dass die innere Ordnung »absolutistischer« Herrschaftssysteme zwangsläufig zu Konflikten untereinander führe. Solange das egoistische Fürsteninteresse nur darauf abziele, die eigene Machtstellung zu konservieren und auszubauen, so lange sei

Krieg als Mittel zum Zweck unausweichlich. Deshalb würden die Einzelherrscher niemals freiwillig dem Vorschlag Saint-Pierres folgen. Ein Europäischer Gesandtenkongress, obligatorische Schiedsgerichtsbarkeit und Sanktionen gegen Rechtsbrecher seien grundsätzlich zu befürworten, der Fürstenegoismus schlösse sie jedoch aus. Solange die Staaten weder im Inneren reformiert noch ihre Gesellschaften grundlegend verändert wären, würden sich die außenpolitischen Verhältnisse nicht bessern. An die Vernunft der Fürsten zu appellieren, hielt Rousseau für zwecklos. Ihre Legitimation würde durch einen europäischen Staatenbund, der ihre Souveränität beschnitte, verloren gehen. Nur durch gewaltsamen Umsturz seien Veränderungen möglich.

Immanuel Kant

Der Königsberger Philosoph Immanuel Kant (1724–1804) knüpfte in seinem Traktat *Zum ewigen Frieden* (1795) an Rousseau an, indem er die These vertrat, dass zur Erreichung einer Föderation der Weg über die Republik führe. Um Europa allein ging es ihm dabei nicht. Ebenso war eine in sich geschlossene Weltrepublik nicht seine Sache, sondern eine globale Föderation. Ausgehend von einem Kern republikanischer Länder könnte sich ein solcher Bund mehr und mehr über die Welt ausbreiten. Der Philosoph, Romantiker und Staatstheoretiker Friedrich Gentz (1764–1832) entwickelte in seiner Schrift *Über den ewigen Frieden* (1800) ähnliche Perspektiven, hielt eine Weltföderation allerdings für unmöglich. Das Völkerrecht sollte nach Kants Ansicht auf »einen Föderalismus freier Staaten gegründet sein«, wobei er sich für die Trennung der exekutiven und legislativen Gewalten aussprach. Beim Abschluss eines Friedensvertrages sollten keine geheimen Ansprüche (die den Keim zu neuen Kriegen legen würden) erhoben und stehende Heere abgeschafft werden. Das Völkerrecht sollte für einen Bund freier Länder gelten, dessen föderative Struktur kein Welt- oder Überstaat sei, aber ein Weltbürgerrecht schaffen werde. Das »Weltbürgerrecht« sollte auf Bedingungen »der allgemeinen Hospitalität eingeschränkt sein«. Kant schrieb diese Überlegungen vor dem Hintergrund der Erfahrung mit der europäischen Staatenwelt, die spätestens mit dem Dreißigjährigen Krieg hinsichtlich militärischer Konfrontationen in die neuzeitliche Phase eingetreten war.

Französische Revolution

Die Französische Revolution war nach dem Dreißigjährigen Krieg das markanteste politische Ereignis der neueren europäischen Geschichte: Mit der Formel »liberté, égalité, fraternité« proklamierte sie eine universalistische Wertorientierung der zivilen Nation, deren Missionsgedanken Napoléon als selbstgekrönter Kaiser zu erfüllen suchte. Die christliche Religion war für sie kein Wert mehr; das neue Europa sollte auf weltlicher Grundlage geschaffen werden. Demokratie und Menschenrechte hieß das Credo, welches die französische Nationalversammlung 1791 – nach Polen der zweiten modernen Verfassung Europas – deklarierte und das neue Europa der Staatsnationen miteinander verbinden sollte. Glaubenspotential und Missionseifer waren dabei nicht geringer und gewaltärmer als bei vorhergehenden Befreiungsbewegungen. Die Revolution veränderte Struktur von Staat und Gesellschaft in Europa grundlegend. Anstelle ständischer Privilegien (Adel, Klerus) traten Mitwirkungsrechte des »dritten Standes«, der Bürger. Nach innen sollten moderne Staatsbürgernationen mit Volkssouveränität entstehen, nach außen ein Europa der Nationen mit Staatssouveränität.

Die Segnungen der »Grande Revolution« waren ambivalent. Sie öffnete den Weg zur modernen Demokratie, bewirkte aber gleichzeitig auch die gesellschaftliche Militarisierung und die Liquidierung Andersdenkender. »Der revolutionäre Katechismus« (François Furet) der Jakobiner-Diktatur wurde zum europäischen Vorbild etwa für die russischen »Arbeiter und Bauern« in der »Großen Oktoberrevolution« (1917) und manche Dekrete der »Schreckensherrschaft« dienten späteren totalitären Systemen als Vorlage.

Die Außen- und Fernwirkungen manifestierten sich mit Blick auf die Fundamentalisierung und Totalisierung von Ideologie und Politik durch neue Tendenzen: eine stärkere Politisierung der Gesellschaft und Formen demokratischer Kultur. Die *levée en masse* führte gemäß Gleichheitsgrundsatz zur allgemeinen Wehrpflicht und somit zur Bildung von Volksarmeen, was das Ende der überschaubaren Kabinettskriege mit Elitesoldaten bedeutete. Die Guillotine implizierte die zur Routine gewordene, technisch perfekte, als human empfundene physische Liquidierung politischer Gegner (Verteidiger der »überkommenen« monarchischen Ordnung oder »Verräter« der Revolution). Flugschriften, Zeitungen und Karikaturen wurden erstmals in hoher Auflage zur Diffamierung Andersdenkender eingesetzt. Damit war der Weg zur Massenrezeption von Propaganda beschritten. Und: Krieg wurde als legitimes Mittel zur Durchsetzung der eigenen Ideale angesehen und als Fortsetzung der Revolution in feindlich definierte monarchische Nachbarstaaten getragen. Aber auch die Gegner organisierten sich auf europäischer Ebene und schlossen sich zu Koalitionen zusammen.

Die Verknüpfung mit militarisierter Gewalt führte zu einer neuen Legitimation des nationalen Selbstbestimmungs- und demokratischen Befreiungskrieges. Der Prozess der europäischen Nationalstaatsbildung bewirkte die Herauslösung der Menschen aus den herkömmlichen Bindungen und Ordnungssystemen des Feudalwesens, der ländlichen Grundherrschaft und städtischen Zünfte. Weiträumige Möglichkeiten für die einsetzende industrielle Entwicklung, den Handel und das Gewerbe wurden damit geschaffen. Die führenden Schichten Europas stimmten mit diesen Vorstellungen überein. Mit ihrer gemeinsamen Sprache (Französisch und Englisch) sowie gemeinsam erfahrener Geschichte verstärkte sich das Gefühl von Zusammengehörigkeit. Die nationalen Bürokratien erschienen als geeignete Institutionen zur Durchführung dieser Aufgaben. Der Begriff nationaler Interessen bildete sich heraus. Der Nationalstaatsgedanke wurde zur Ideologie und nahm in verschiedenen Ländern den Charakter einer Heilslehre an – mit fatalen Folgen für Europa.

Wiener Kongress

Bonapartes Politik wird mit zivilisatorischem Fortschritt assoziiert und die Errungenschaft des *Code Napoléon* gewürdigt. Der französische Diktator formulierte um 1800 mit dem Aufstieg seines Reichs freilich auch einen Machtanspruch auf den ganzen Kontinent. Aus dem ersten modernen Flächenstaat der europäischen Geschichte entstand eine hegemoniale Macht, die ganz Europa formell wie informell unter ihre Herrschaft zwang. Napoléon selbst stilisierte sich zum Wahrer und Verteidiger der europäischen Zivilisation. Er berief sich auf die Griechen (insbesondere auf Herodot und Thukydides), die gegen die asiatische Bedrohung angetreten waren, und betonte die Notwendigkeit, die europäische Kultur gegen die Bedrohungen aus dem Osten zu schützen.

Noch während seiner Haft auf St. Helena formulierte er den Sinn seiner Politik, um »das Europa freier Völker« unter dem Dach eines liberalen Kaisertums mit fortschrittlicher rechtlicher wie sozialer Ordnung gegen das britische Wirtschaftsimperium und den russischen Despotismus zu organisieren. Zwischen Anspruch und Realität klaffte jedoch eine beträchtliche Lücke: Europa litt unter Napoléons Requirierungen, der von ihm errichteten »Kontinentalsperre« und den Rekrutierungen für seine Feldzüge. Das Ergebnis seiner Herrschaft war nicht die politische Einigung des Kontinents, sondern die Erweckung und Mobilisierung des Nationalismus. Der Widerstand gegen den Korsen motivierte sich aus dem Wunsch europäischer Freiheit und Kultur, wie die Reformen des Freiherrn vom Stein (1770–1840) zeigten.

Der Wiener Kongress (1814–1815) war der europäische Gegenentwurf zur Französischen Revolution. Dieses Europa der Staaten, wobei das besiegte Frankreich mitbestimmte, beriet unter dem Vorsitz von Clemens August Wenzel Fürst Metternich (1773–1859) über die europäische Neuordnung. Die Regelung war vom Gedanken des Mächtegleichgewichts im Sinne eines stabilen und dauerhaften Systems der Friedenssicherung – »juste équilibre« als Zieldefinition – bestimmt. Europa wurde zu einer Ordnungsidee, die das politische Handeln legitimierte; die inneren Strukturen sollten nicht verändert, sondern beibehalten oder wiederhergestellt werden. Die 1818 zwischen dem Zaren, dem preußischen König und dem Kaiser von Österreich in Heidelberg geschlossene »Heilige Allianz« war dem politischen Status quo und der Praxis des konservativen Interventionsprinzips verpflichtet. Eine Zuspitzung des Gegensatzes zwischen demokratischer Volkssouveränität und monarchischer Legitimität war die Folge, da die Emanzipationsbestrebungen durchgehend mit nationalstaatlichen Neuordnungsversuchen verknüpft waren. Das europäische Konzert der Mächte bestand jedoch auch aus Verfassungsstaaten wie Frankreich und Großbritannien, die vergleichbar zu den »humanitären Interventionen« im 20. Jahrhundert Revolutionen im Zeichen der Volkssouveränität diplomatisch und notfalls auch militärisch unterstützten. Am Beispiel des griechischen Aufstandes gerieten konservatives und liberales Interventionsprinzip, pro- und antirevolutionäre Grundsätze in Widerstreit miteinander und fanden unterschiedliche Anwendung. Während die Revolutionen in Italien, Ungarn und Polen durch die konservativen Mächte niedergeschlagen wurden, half die liberale Interventionsmacht Großbritannien Griechenland bei der Loslösung vom Osmanischen Reich und Belgien bei der Abspaltung von den Niederlanden. Das jeweilige Krisenmanagement setzte die Vorstellung von Europa als »einheitlichem Handlungsraum« voraus.

Mit 1789 und 1815 entwickelte sich Europa zu einem »gemeinsamen Verantwortungsraum« (Dieter Langewiesche). Damit wurde die Bezeichnung »Osteuropa« üblich, die zwar eine kulturelle Differenz markierte und zugleich als Fremdbeschreibung bzw. politischer Abgrenzungsbegriff aus dem westeuropäischen Sprachgebrauch fungierte, aber Russland als bestimmenden Faktor des europäischen Mächtekonzerts einschloss. Der Wiener Kongress erfüllte die Erwartungen der deutschen und europäischen Einigungsbewegung nicht. Die im Deutschen Bund entstehenden Zollvereine und die Vereinheitlichung des Münzwesens bildeten Impulse für die kleindeutsche Einigung. Die lateinische (ab 1865) und skandinavische Münzunion (ab 1872) waren Vorformen des Euro, auch wenn sie nur bis 1927 bestanden.

Giuseppe Mazzini und Victor Hugo

Ein pathetisches Europa-Bekenntnis aus dem Vormärz stammt von Giuseppe Mazzini (1805 –1872). Der italienische Geheimbündler und »Carbonaro«, Revolutionär und Flüchtling veröffentlichte 1832 ein emphatisches Bekenntnis zur europäischen Geschichte und Zukunft, das den Idealen der Französischen Revolution verpflichtet war: »Europa ist der Hebel der Welt, Europa ist das Land der Freiheit. Ihm gehören die Geschicke der Welt und die Sendung einer fortschreitenden Entwicklung, die das Gesetz der Menschheit ist.« Nach einem gescheiterten Aufstandsversuch emigrierte Mazzini 1834 in die Schweiz und gründete dort gemeinsam mit flüchtigen Polen und Deutschen die Gesellschaft »Junges Europa«, die Republikanismus und Völkerverbrüderung auf ihre Fahne schrieb, ohne zu erläutern, wie der Kontinent politisch zu gestalten wäre. Das Projekt blieb erfolglos, Mazzini musste auch die Eidgenossenschaft verlassen und wanderte nach London aus, das sich bereits damals zu einer europäischen Emigrationszentrale entwickelt hatte.

Es waren drei zentrale Probleme, die das politische Klima der Zeit vor den Revolutionen beherrschten: die konstitutionelle Frage, die den Ausgleich zwischen monarchischem Gedanken und der Idee der Volkssouveränität berührte; die nationale Frage, die die Einheit im Inneren und Unabhängigkeit nach außen betraf; die soziale Frage, die mit der Forderung nach der Bauernbefreiung und der Sicherung der Stellung der Lohnarbeiter eng verknüpft war. Frankreich machte wieder den Anfang: Entrüstung über das Zensuswahlrecht und das korrupte »Bürgerkönigtum« des Louis Philippe (1830–1848) führten zum Sturz der Monarchie. In der provisorischen Regierung gewannen erstmals Sozialisten Einfluss. Louis Blanc war ihr bekanntester Repräsentant. Er vertrat den Anspruch auf Arbeit und schuf »Nationalwerkstätten«, die sich als nicht praktikabel erwiesen. Die Wahlen zur verfassungsgebenden Nationalversammlung erbrachten eine bürgerliche Majorität, was das Ende der Staatsfabriken bedeutete. Die Arbeiter probten vergeblich den bewaffneten Aufstand. Der Schock darüber saß so tief, dass das Besitzbürgertum den Neffen Bonapartes, den späteren Napoléon III., zum Kaiser wählte.

Inhalt und Verlauf der Debatten in der Frankfurter Paulskirche, dem aus der deutschen Revolution 1848 hervorgegangenen Parlament, zeigten, dass Konzepte eines ethnisch begründeten Nationalismus Ideen weltbürgerlichen Kosmopolitismus gegenüberstanden. Die Abgeordneten des »Professorenparlaments« wollten eine deutsche Republik nur für »Deutsche«.

Der einflussreiche französische Schriftsteller und Republikaner Victor Hugo (1802–1885) publizierte trotz der widrigen Zeitumstände seine Vision von den »Vereinigten Staaten von Europa«, wobei auch er offen ließ, wie diese entstehen und gestaltet sein sollten. Diese europäische Nation des 20. Jahrhunderts würde groß, frei und vernünftig, »edel, reich, verständig, friedfertig und der übrigen Menschheit gegenüber herzlich gesinnt« sein. Wegen seiner politischen Einstellung von Napoléon III. verbannt und im britischen Exil, erblickte er in der Einheit des Kontinents mit Paris als Hauptstadt die Vollendung der Menschheit in einer Art »Übernation«: »Dieses Volk wird mehr als Nation, es wird Zivilisation, es wird Familie sein. Die Einheit der Sprache, der Münzen, des Maßes, der Zeitmessung, der Gesetzgebung wird überall durchgeführt sein (...) Überall wird das Eisen in Schwertform verschwinden, um als Pflugschar wieder zu erscheinen.« Mazzini wie Hugo waren von der Vorstellung gemeinsamer europäischer Geschichte beseelt und glaubten, dass der Nationalstaat nur eine transitorische Funktion auf dem Weg des Fortschrittes habe. Von den autoritären Staatsmännern ihrer Zeit ließen sich beide nicht beeindrucken. Die demokratiepolitische Emanzipation war auf Dauer nicht aufzuhalten, zumal die nationale wie die soziale Frage im Zuge der industriellen Revolution immer virulenter werden sollte.

Constantin Frantz

Die Industrialisierung war ein (west-)europäisches Phänomen, wenn die Entwicklung auch in den Ländern unterschiedlich ablief. England war Vorreiter, Belgien erster Nachzügler, während Frankreich, Preußen und Russland unterschiedlich erfolgreich als Spätstarter folgten. Die von James Watt (1736–1819) entwickelte Dampfmaschine wurde zum Symbol des technischen Fortschritts in Europa. Stetiges Wirtschaftswachstum, steigende Produktivität, intensivierte Nutzung wissenschaftlicher, technischer und wirtschaftlicher Ressourcen, aber auch einschneidende Veränderungen der Lebensverhältnisse, gravierende soziale Probleme und politische Verwerfungen waren Gemeinsamkeiten und Auswirkungen dieser umstrittenen Revolutionen.

Die zu Metropolen gewandelten städtischen Zentralen wurden zu Manifestationsorten politischer Artikulation, wie die Barrikadenkämpfe in Berlin und Wien (1848/1849), der niedergeschlagene Aufstand der »Pariser Commune« (1871) oder die erfolgreiche Oktoberrevolution in St. Petersburg (1917) zeigten. Aus marxistischer Sicht zeichnete sich eine Aufteilung von »Klassen« der Gesellschaft ab: Bourgeoisie und Proletariat. Kleinbürger, Handwerker und Gewerbetreibende suchten Schutz in sozialkaritativen Gesellenvereinen, die sich europaweit ausbreiteten.

Der Schriftsteller Constantin Frantz (1817–1891) ging im Gegensatz zu Kant und im Sinne Friedrich von Hardenbergs (Novalis) von der Familie als »Urzelle« aus und kam über das Volk zur Forderung eines »Bundes der Völker« (nicht der Staaten). Ein föderalistisches Deutschland sollte den Kern eines europäischen Bundes bilden, der zu einem Weltbund erweitert werden sollte. Bindende Kraft sollte das Christentum sein. In Ablehnung des kleindeutschen, protestantischen deutschen Kaiserreichs Bismarck'scher Prägung räumte er den Habsburgern mit ihren überstaatlichen Traditionen und der internationalen römischen Kirche die führende Rolle bei der Verwirklichung seiner Pläne ein. Frantz schwebte eine »germanische Allianz« vor, in der »Großdeutschland«, die Niederlande, England, die Schweiz und Skandinavien integriert werden sollten. Darin sollte das »deutsche Element« vorherrschen. Mitteleuropa sollte durch verschiedene Bünde strukturiert sein, so durch einen »engeren Bund« mit Preußen und Österreich als »organisches Schutz- und Trutzbündnis« und einen »weiteren Bund« mit einem Direktorium als oberstem Bundesorgan (darunter Polen, Litauen, Ungarn, Rumänien, Bulgarien, Bessarabien, Holland, Belgien, Lothringen, der Schweiz und Savoyen), der sich dann zu einem »weitesten Bund« zusammenschließen sollte, einem Gebilde ähnlich dem mittelalterlichen Reich mit Stoßrichtung gegen Osten. Aber nicht nur gegen das russische Zarenreich sollte dieser Staatenverbund gerichtet sein, sondern auch gegen die drohende Übermacht der USA. Deutschland als Kern dieser mitteleuropäischen Föderation würde den Anfang bilden, die dann auf ganz Europa ausgedehnt werden sollte. Jeder Teilnehmer konnte seine inneren Angelegenheiten selbst behandeln, nur Fragen der Außenpolitik, der

Streitmacht und Wirtschaft sollten Bundessache sein. Frantz' rückwärtsgewandte, vorindustrielle und antimodernistische Utopie erfuhr in der Ära des Nationalsozialismus Beachtung. Auch wenn die dem Reich zugedachte föderale Struktur im Inneren weniger Gefallen fand, so doch die außenpolitische Aufgabe, die Frantz ihm zumaß und die Hitlers »Lebensraum«-Konzept enstprach.

Friedrich Naumann

Bis zum Beginn des Zweiten Weltkriegs hatten Großbritannien, Frankreich, Belgien, die Niederlande, Italien und Portugal ein imperialistisches Weltstaatensystem durch einen enormen Kolonialbesitz in Afrika, Asien, Australien und Ozeanien gebildet. Die russische Expansion führte seit 1844 in Mittelasien zu einer Kolonisation Turkestans und der Chanate bis an die Grenze Indiens. Die USA hatten 1898 zur Zerstörung des spanischen Weltreichs entscheidend beigetragen, was den Beginn der amerikanischen Weltherrschaft bedeutete. Japan besiegte 1904/1905 Russland, so dass erstmals wieder überseeische Mächte europäische Politik beeinflussten. Es folgten zwei Kriege am Balkan (1912/1913), die die Labilität des europäischen Staatensystems zeigten. Die Katastrophe begann mit eben dieser ungelöst gebliebenen Problematik und den Schüssen in Sarajewo am 28. Juni 1914, die das österreichisch-ungarische Erzherzog-Thronfolgerpaar tödlich trafen und eine Kettenreaktion von Mobilisierungen und Kriegserklärungen und damit den Dritten Balkankrieg auslösten. Innerhalb von drei Wochen befanden sich Österreich-Ungarn, Serbien, Deutschland, Russland, Belgien, Frankreich, Großbritannien, Montenegro, Japan und die Türkei im Kriegszustand – Bulgarien, Rumänien, Italien, Portugal, Griechenland, die USA und China folgten in den nächsten Jahren.

Im Ersten Weltkrieg zerbrachen die multinationalen Imperien: Das Zarenreich, die Habsburger Monarchie, das Osmanische Reich und das deutsche Kaiserreich gingen zugrunde. Der Erste Weltkrieg war aber nicht allein deshalb eine Zäsur des 20. Jahrhunderts. Er bedeutete im Inneren der Staaten die Niederlage des Liberalismus, den Relevanzverlust des Bürgertums und den Sieg des Chauvinismus, im Äußeren das Ende der politischen Vorherrschaft Europas und der Kolonialzeit.

Vor und während des Ersten Weltkriegs stellten Gelehrte und Politiker aus dem Deutschen Reich und der Habsburger Monarchie Überlegungen zur weiteren Entwicklung einer Staatengemeinschaft an, die unter dem Schlagwort »Mitteleuropa« öffentlich diskutiert wurden. Der Nationalliberale Friedrich Naumann (1860–1919) war ihr prominentester Exponent; seine Vorschläge liefen auf eine deutsche Dominanz im Kern des Kontinents hinaus, weil die Mächte der »Entente« (Frankreich, Großbritannien und Russland) seit 1914 mit den »Mittelmächten« (Österreich-Ungarn, Deutschland, Bulgarien, Türkei) Krieg führten. Naumann hielt ähnlich wie Frantz im Staatsinneren föderalistische Strukturen für geeignet und im Äußeren eine Frontposition gegen den Osten sowie eine hegemoniale Stellung des Deutschen Reiches für wünschenswert. Während Naumann aber im Unterschied zu Frantz die parlamentarische Demokratie als Voraussetzung für eine Lösung der sozialen Frage forderte, trat er außenpolitisch vergleichbar mit Frantz für eine hegemonial-imperialistische Lösung ein. Hierdurch sollte sich Kerneuropa wirtschaftlich auf dem expandierenden Weltmarkt behaupten können. In seinem Buch *Mitteleuropa* (1915) verteidigte Naumann den Begriff, da er historisch »noch nicht verbraucht« sei und weder nationale noch konfessionelle Gefühlswiderstände wecke. Die »deutsche Wirtschaftskonfession« müsse in Zukunft den mitteleuropäischen Gesamtcharakter bestimmen. Sein Konzept umfasste Österreicher, Ungarn, Tschechen, Madjaren, Siebenbürger Sachsen und Slowenen. Es blieb offen und erweiterungsfähig. An den einzelstaatlichen Rechten sollte nicht gerüttelt werden, nach Naumann sei dies sonst »der allersicherste Weg, das Ganze im Entstehen zu vernichten«: »Mitteleuropa ist ein Überbau, kein Neubau.« Es sollte einen Wirtschaftsverband bilden und ein Heeresstatut erhalten. Seien beide tragenden Elemente vorhanden, entstünden daraus Zwang und Tradition, auch die auswärtige Politik gemeinsam zu führen.

Gegen dieses Konzept einer ökonomischen und politischen Vorherrschaft Deutschlands in Mitteleuropa wandten sich Sozialdemokraten und Marxisten, darunter Karl Kautsky (1854–1938) und Rudolf Hilferding (1877–1941). Ihre Kritik zielte auf die militärpolitische These Naumanns ab, dem Krieg weitere Unterstützung zukommen zu lassen, die Heeresbereitschaft als Notwendigkeit vorauszusetzen und die Vereinigung Gesamteuropas gar nicht anzustreben, wenn bei »Mitteleuropa« auf halbem Wege stehen geblieben würde. Naumanns Konzept wurde nach 1918 als Friedensgefahr und Beweis für den deutschen Imperialismus, ja als Ausdruck des Pangermanismus (über)interpretiert. Der österreichische Straf- und Völkerrechtsgelehrte Heinrich Lammasch (1853–1920), Universitätsprofessor in Innsbruck und Wien und letzter Ministerpräsident der Monarchie (1918), kann als Pendant zu Naumann begriffen werden: Er trat für Ausgleich und Versöhnung der Länder der Habsburger Monarchie und unter den europäischen Staaten sowie für den Völkerbundgedanken ein. Die Donaumonarchie wollte er in einen Staatenbund umgewandelt wissen. Vor dem Hintergrund ihres unvermeidlich gewordenen Zusammenbruchs hielt er die Neutralität für eine angemessene Lösung (Klein-) Österreichs, was sich nach 1955 als zukunftsträchtiges Modell für das Überleben des zwischen die Fronten des Kalten Krieges geratenen Landes erwies.

Richard N. Coudenhove-Kalergi

Nach dem Ersten Weltkrieg stand die Forderung nach Friedenssicherung an erster Stelle vielfältiger Bestrebungen zugunsten einer Einigung Europas. Unter ihnen stechen die leidenschaftlichen, argumentativ aber beeindruckend klaren Appelle des Grafen Richard Nikolaus Coudenhove-Kalergi und seiner zwischen 1922 und 1925 in Wien begründeten Paneuropa-Union hervor, aber auch die Initiativen des französischen Außenministers und Ministerpräsidenten Aristide Briand 1929/30 zur Bildung eines europäischen Staatenbundes auf der Grundlage des politischen Status quo.

Geboren 1894 in Tokio als Sohn eines K.u.K.-Diplomaten, dessen väterliche Vorfahren aus flämischem und kretischem Adel stammten, und einer Japanerin, verbrachte Coudenhove-Kalergi seine Kinderjahre auf dem väterlichen Ansitz im böhmischen Ronsperg. »Als Kinder eines Europäers und einer Asiatin dachten wir nicht in nationalen Begriffen, sondern in Kontinenten«, charakterisiert er sein Denken: »Unsere Mutter verkörperte für uns Asien, unser Vater Europa. Es wäre uns schwer gefallen, ihn mit irgendeiner Nation zu identifizieren.« Nach der Theresianischen Akademie studierte Coudenhove-Kalergi Philosophie und Geschichte an der Universität Wien.

Verschiedene Motive trieben ihn zu seinem Engagement: das 1914 bis 1918 entfesselte Gewaltpotential, das die Schaffung dauerhafter Sicherheits- und Friedensgarantien notwendig machte; die industriell-technische Produktion, die immer stärker über die Grenzen der Nationalstaaten hinauswuchs und nach einer Koordination drängte, sowie die Begegnung des ökonomischen Konkurrenzdrucks aus den USA; letztlich auch die Revolution 1917 in Russland, die er als Bedrohung für Europa interpretierte. Die Machtübernahme der Bolschewiki alarmierte das Bürgertum, führte aber nicht zu einer starken politischen Einigungsbewegung in Europa. Coudenhoves Vorhaben wie auch die Europa-Idee profitierten jedenfalls langfristig vom kommunistischen Bedrohungspotential, weil die russische Revolution in eine sowjetische Diktatur mündete, die von Jussif W. Stalin (1879–1953) schrittweise perfektioniert wurde und Millionen Opfer kostete. Coudenhove-Kalergi forderte eine europäische Monroe-

Der Begründer der Paneuropa-Union: R. Coudenhove-Kalergi (1894–1972)

Doktrin frei nach dem Motto »Europa den Europäern!«. Als Modell schwebte ihm die Errichtung eines europäischen Staatenbundes von Portugal bis Polen als einheitliches Zoll- und Währungsgebiet mit gemeinschaftlicher Militär- und Kolonialverwaltung sowie einem Bundesgericht vor. Was zu seiner Zeit als Utopie galt, scheint heute gar nicht mehr unwahrscheinlich zu sein. In vier Schritten sollte das laut Coudenhove erreicht werden: durch Einberufung einer Konferenz von einer oder mehreren europäischen Regierungen sowie Einsetzung von Ausschüssen zu Schiedsgerichts-, Garantie-, Abrüstungs-, Minoritäten-, Verkehrs-, Zoll-, Währungs-, Schulden- und Kulturfragen; durch Abschluss eines obligatorischen Schieds- und Garantievertrages zwischen allen demokratischen Staaten Kontinentaleuropas (unter Einschluss Großbritanniens in das Paktsystem) und durch Bildung eines paneuropäischen Zollvereins und Münzgebiets, welche beide zu einem einheitlichen Wirtschaftsgebiet führen sollten – die österreichischen Nachfolgestaaten dienten ihm als Anknüpfungspunkte. Als zu zentralistisch wurde das Modell des US-amerikanischen Bundesstaates erachtet. Die »Vereinigten Staaten von Europa« sollten sich losgelöst vom Völkerbund und ohne Großbritannien entwickeln. Für »Paneuropa« waren zwei Kammern vorgesehen, ein Völkerhaus und ein Staatenhaus, wobei erstere aus 300 Abgeordneten und letztere aus 27 Regierungsvertretern bestehen sollte.

Konkurrenz fand »Paneuropa« im »Europäischen Kulturbund« von Prinz Karl Anton Rohan und im »Bund für die europäische Verständigung« des liberalen Wilhelm Heile. Im Unterschied zu Coudenhove-Kalergi gab hier der Völkerbund den institutionellen Rahmen ab, wobei auch Großbritannien und die Sowjetunion als Teile Europas betrachtet wurden. Übereinstimmung herrschte wenigstens darin, dass Frankreich und Deutschland die Motoren der europäischen Verständigung sein müssten.

Vom 3. bis 6. Oktober 1926 fand der erste Paneuropa-Kongress in der Wiener Hofburg mit über 2000 Teilnehmern aus 24 Ländern statt. In der Eröffnungsrede wies Österreichs Exkanzler (1922–1924 und 1926–1929) Ignaz Seipel (1876–1932) auf den antreibenden Einfluss der Wirtschaft zur Organisierung Europas und die Notwendigkeit der Bildung überstaatlicher Institutionen hin. Unter den Teilnehmern war auch Alexander Kerenski (1881–1970), exilierter Ministerpräsident der ersten demokratischen russischen Republik – was als Signal politischer Abgrenzung zu verstehen war. Den Höhepunkt der politischen Erörterungen stellten die Ausführungen des früheren deutschen Reichskanzlers (1921–1922) Joseph Wirth über die »deutsch-französische Verständigung« dar.

Ein Jahr zuvor, am 16. Oktober 1925, war der Vertrag von Locarno unterzeichnet worden, der Frankreich und Belgien den Bestand seiner Grenzen garantiert hatte und die Revision der deutschen Ostgrenzen nicht ausschloss, was mitentscheidend für sein Zustandekommen war. Berlin versicherte, seine Westgrenzen nicht zu verändern und an der Entmilitarisierung des linken Rheinufers festzuhalten. Großbritannien, Italien und die Beneluxstaaten sagten Frankreich Hilfe im Falle einer Verletzung dieser Grenzen zu. Der Locarnopakt, ein Werk der Staatsmänner Aristide Briand (1862–1932) und Gustav Stresemann (1878–1929), galt als Zeichen der deutsch-französischen Verständigungspolitik. Coudenhove-Kalergi begrüßte den Pakt lebhaft. Die Paneuropa-Bewegung erhielt durch ihn Auftrieb und erlebte ihr höchstes Maß an Popularität. An das Vertragswerk knüpften sich neben Hoffnungen auf eine Ausweitung der Entspannung und

Normalisierung im politischen Bereich auch große weltwirtschaftliche Erwartungen. 1926 folgten europäische Stahlindustrielle einer Initiative des Luxemburger Industriellen Emile Mayrisch, ein Kartell zu bilden, an dem sich Stahlerzeuger aus Frankreich, Deutschland, Belgien, Luxemburg und dem Saargebiet beteiligten. Im Februar 1927 schlossen sich auch Stahlhersteller aus Österreich, Ungarn und der Tschechoslowakei dem Vertrag an. Dieses Stahlkartell gilt als Vorläufer der Montanunion.

Die gemäßigt-kooperative Westeuropapolitik des deutschen Außenministers Stresemann konnte aufgrund der harten französischen Reparationspolitik dem massiven revisionistischen Druck und nationalistischen Ressentiment gegenüber Frankreich in Deutschland nicht standhalten. Es folgte das deutsch-österreichische Zollunionsprojekt 1931, das Briands Europaplan vom Vorjahr »ein Begräbnis erster Klasse« (Julius Curtius) bereitete und ihm innenpolitisch das Genick brach, aber selbst am Widerstand der übrigen Staaten und am knappen Schiedsspruch des Internationalen Gerichtshofs in Den Haag mit 8:7 Stimmen scheiterte.

Auf den Paneuropa-Kongressen in Berlin (1931), Basel (1932) und abermals Wien (1935) fehlte das breite Publikum. Vorherrschend blieben Kreise aus Intellektuellen, Persönlichkeiten der Industrie und Wirtschaft, hohen Staatsbeamten und Politikern außer Dienst. Die Sozialdemokraten zogen sich nach anfänglicher Zustimmung zurück. Für sie stellte Paneuropa eine Idee »ohne Resonanz in den Massen« dar, was eine zutreffende Beurteilung war.

Zweifelsohne trug Coudenhove durch Lobbyismus dazu bei, unter den Eliten das Bewusstsein für die Notwendigkeit zur Bildung eines geeinten Europas zu schaffen. Der Idee fehlte aber die Verbindlichkeit – die Art und Weise ihrer Verwirklichung blieb weitgehend offen –, wie auch der elitär-gouvernementale Charakter der Union ihrer Verbreiterung wenig zuträglich war. Coudenhove-Kalergi und seine Anhänger mussten einer Tatsache ins Auge sehen: Bei keiner Handlung eines Staates ließen sich nationale von europäischen Interessen trennen. Beim Werben für »Paneuropa« musste daher der »sacro egoismo« (Benito Mussolini) der Einzelstaaten immer in Rechnung gestellt werden. Es gab keine Fortschritte mit Blick auf Zollunionen im Donauraum, weil die mittel- und osteuropäischen Staaten für derartige Kombinationen letztlich ausfielen, die europäischen Kolonialmächte erst nach dem Verlust ihrer Imperien in größeren handelspolitischen Zugzwang gerieten und ihnen auch dann erst die Bildung von kleinräumigen Zollunionen in Europa erstrebenswert erschien.

Nach dem Einmarsch der Deutschen Wehrmacht am 12. März 1938 in Österreich war das Ende der Paneuropa-Union gekommen: Das Zentralbüro in der Hofburg musste geschlossen werden. Die Archive wurden beschlagnahmt und tausende Bände des Paneuropa-Verlages vernichtet. Der »Anschluss« an das Deutsche Reich bedeutete auch eine biographische Zäsur für Coudenhove-Kalergi: Er flüchtete in die Tschechoslowakei, dann weiter über Ungarn und Italien in die Schweiz, von wo aus er 1940 über Frankreich in die USA emigrierte.

Während des Zweiten Weltkriegs war London *der* politische Zufluchtsort. Auf Initiative des Chefs der polnischen Exilregierung General Wladyslaw Sikorski (1881–1943) fanden sich polnische, tschechoslowakische, norwegische, belgische, niederländische, luxemburgische, griechische und jugoslawische Exilvertreter sowie das Komitee des »Freien Frankreichs« zu Beratungen zusammen. Sie sahen das nationalstaatliche Ordnungsprinzip als überholt an, erklärten sich bereit, teilweise Souveränitätsrechte abzugeben, demokratische Verfassungen zu schaffen und erkannten, dass die Neustrukturierung eines föderierten Europas ohne die Sowjetunion und die USA nicht möglich sei. 1940 hatten bereits die Exilregierungen der Tschechoslowakei und Polens ein Abkommen über eine »Assoziation« geschlossen, welches 1942 als »Konföderation« proklamiert wurde. Die Exilregierungen Griechenlands und Jugoslawiens beschlossen einen gemeinsamen Staatenbund. Jedoch konnte nur der

Vertrag vom 5. September 1944 zwischen den Benelux-Staaten, der 1948 in eine Zoll-, Wirtschafts- und Währungsunion münden sollte, verwirklicht werden. Hatten in den Vororten von Paris 1919/1920 die Westmächte allein die Nachkriegsordnung festgelegt, so entschied 1945 in Jalta und Potsdam die UdSSR bereits mit. England war nur noch US-Juniorpartner.

DER WEG ZUM EUROPA DER INSTITUTIONEN

Nach 1945 wurde die europäische Integration eine der zentralen Ideen internationalen ordnungspolitischen Denkens. Europäische Bürgerkriege (1918–1941), Zweiter Weltkrieg (1939–1945), der Zusammenbruch des Transport- und Versorgungssystems (1945/1946) sowie die Herausforderung des Kalten Krieges (ab 1947) machten eine koordinierte Europapolitik zur zwingenden Notwendigkeit. Sie erreichte im westlichen Teil des Kontinents eine noch nie dagewesene Gestaltungskraft, wobei die Spannung zwischen Nationalstaat und Supranationalität bis zuletzt bestand. Die wesentlichen Motive waren der Wunsch nach politischer Kooperation und Friedenssicherung, Linderung der Not, Sicherheit vor der Sowjetunion und Schaffung von Wohlstand. Das machte einen engeren Zusammenschluss der Europäer erforderlich. Ihre Schwäche machte militärische Hilfe der USA fast unvermeidlich (**Militarisierung und Teilung Europas nach 1945**). S. 80
Zunächst ging es um Beseitigung der kriegsbedingten Zerstörungen, um den Aufbau der Wirtschaft und demokratischer Strukturen. Es zeigte sich, dass ein europäischer Bundesstaat nicht Grundbedingung für den Aufholprozess des Produktivitätsrückstandes, die Herstellung des »Binnenmarktes« und die Schaffung der Wirtschafts- und Währungsunion (WWU) war. Politische Kooperation und partielle Übertragung von Hoheitsbefugnissen reichten aus.

Vom ERP zur EWG 1947–1957

In den Jahren von 1948 bis 1958 konstituierten sich eine Reihe westeuropäischer Institutionen. Nach Ankündigung des European Recovery Programs (ERP) durch US-Außenminister George C. Marshall am 5. Juni 1947, welches im Zeichen der containment-Doktrin von Präsident Harry S. Truman stand, bildete sich nach längeren Verhandlungen am 16. April 1948 in Paris die Organization of European Economic Cooperation (OEEC), um Koordination, Verteilung und Kontrolle der ERP-Mittel, die wirtschaftliche Kooperation der Mitgliedstaaten, gemeinsame Abstimmung der ökonomischen Bedürfnisse sowie die Liberalisierung des Handels und Zahlungsverkehrs unter den 17 westeuropäischen Staaten in die Hand zu nehmen. Mitglieder waren Belgien, Dänemark, Frankreich, Griechenland, Großbritannien, Irland, Island, Italien, Niederlande, Norwegen, Luxemburg, Österreich, Portugal, Türkei, Schweden, Schweiz und die drei deutschen Westzonen; assoziiert waren Jugoslawien, Kanada und die USA, die als Förderer S. 82 agierten (**Die Rolle der USA**).

Am 19. September 1946 hatte der konservative britische Oppositionspolitiker Winston S. Churchill in Zürich »die Schaffung der Vereinigten Staaten von Europa« vorgeschlagen, ein bedeutsamer Aufruf zur europäischen Versöhnung, vor allem zwischen Frankreich und Deutschland. Coudenhove-Kalergi gründete im Juli 1947 die »Europäische Parlamentarier Union« (EPU), einen von vielen Europa-Verbänden, durch die im September eine Versammlung von 114 Abgeordneten zustande kam. Mit ihrer Teilnahme am Haager Europa-Kongress vom 8. bis 10. Mai 1948 sollte der »Europäischen Bewegung« Elan gegeben werden. Der am 5. Mai 1949 begründete Europarat blieb aber weit hinter den Erwartungen der Konstitutionalisten zurück, die auf eine Verfassungsgebende Versammlung gehofft hatten. Der in Straßburg residierende »Conseil de l'Europe« bildete mit seiner Beratenden Versammlung als konsultativem Gremium ein Diskussionsforum ambitionierter Vorhaben, die jedoch der Zustimmung der nationalen Parlamente bedurften. Es gelangen die Unterzeichnung der Europäischen Konvention zum Schutz der Menschenrechte und Grundfreiheiten (EMRK) am 4. November 1950 und die Übernahme durch die Mitglieder, kulturpolitische Initiativen sowie die Europäische Sozialcharta 1961.

Nach Ideen von Jean Monnet schlug am 9. Mai 1950 Außenminister Robert Schuman eine auf **sektoriale Integration** abzielende Initi- S. 83 ative vor. Zur Kontrolle des westdeutschen Wirtschaftspotentials sollte die Europäische Gemeinschaft für Kohle und Stahl (EGKS) geschaffen werden. Nach längeren Verhandlungen zwischen Belgien, der Bundesrepublik, Frankreich, Italien, den Niederlanden und Luxemburg wurde ein Vertrag am 18. April 1951 unterzeichnet, der am 23. Juli 1952 in Kraft trat.

Auf sicherheitspolitischer Ebene wurde der am 17. März 1948 begründete Brüsseler oder Fünf-Mächte-Pakt (Frankreich, Großbritannien, Benelux) am 23. Oktober 1954 um Italien und die Bundesrepublik zur Westeuropäischen Union (WEU) erweitert, die unter anderem für die Rüstungskontrolle zuständig sein sollte. Bereits am 4. April 1949 war in Washington das Atlantische Bündnis, die North Atlantic Treaty Organization (NATO), geschaffen worden, der die USA, Kanada, Großbritannien, Frankreich, Italien, die Benelux-Länder, Dänemark, Norwegen, Island und Portugal als Gründungsmitglieder angehörten. Der Vorschlag des französischen Ministerpräsidenten René Pleven zur Bildung einer integrierten Verteidigungsstruktur wurde wegen der günstigen Auswirkung auf die Integrationspolitik und die bundesdeutsch-französische Verständigung von den Föderalisten positiv aufgenommen. Die Ablehnung der Europäischen Verteidigungsgemeinschaft (EVG) durch die Assemblée Nationale am 30. August 1954 bedeutete aber das **Scheitern der Europa-Armee**. Damit wurde S. 89 nicht nur eine genuin europäische Sicherheitspolitik zu Grabe getragen, sondern auch das ehrgeizige Projekt einer die EVG überwöl-

benden Europäischen Politischen Gemeinschaft (EPG), für die Institutionen mit weitgehenden Entscheidungsbefugnissen geplant worden waren. Was mit EVG und EPG beabsichtigt wurde, ging weit über das hinaus, was erst über vier Jahrzehnte später in Maastricht vereinbart werden sollte! Die 50er Jahre standen bereits im Zeichen von Integrationsverlust. Der auch aufgrund einer Renationalisierungswelle in Europa erfolgte Rückschlag konnte von der EU bis heute nicht wettgemacht werden. Die historische Entscheidung ebnete der NATO-Mitgliedschaft der Bundesrepublik und der euro-atlantischen Sicherheitsgemeinschaft den Weg. Die französische Ablehnung der EVG trug zur Festschreibung der US-Militärpräsenz auf dem Kontinent bei, womit eine große Chance vergeben wurde, Europa dauerhaft von den USA militärisch zu emanzipieren (**Die Rolle der USA**).
S. 82

Auf der Londoner Neunmächtekonferenz (Belgien, die Bundesrepublik, Frankreich, Großbritannien, Italien, Kanada, Luxemburg, die Niederlande und die USA, 28. 9. – 3. 10. 1954), die den Weg aus der Krise wies, wurde in der Schlussakte die Aufhebung des Besatzungsstatuts mit der Aufnahme der Bundesrepublik in WEU und NATO verkoppelt. Verbunden mit der deutschen Wiederbewaffnung waren Rüstungskontrolle und der Verzicht auf ABC-Waffen. Die Westalliierten behielten sich als ehemalige Besatzungsmächte »die bisher von ihnen ausgeübten Rechte und Verantwortlichkeiten in bezug auf Berlin und Deutschland als Ganzes einschließlich der Wiedervereinigung Deutschlands und einer friedensvertraglichen Regelung« weiter vor, die erst mit dem »Zwei-plus-Vier-Vertrag« (1990) obsolet wurden. Die Pariser Verträge vom 23. Oktober 1954 enthielten auch das »Europäische Saarstatut«, bildeten einen wirksamen Damm gegen Absichten der Neutralisierung Deutschlands und ermöglichten die innenpolitisch heftig umstrittene (Re-)Militarisierung wie die Westintegration. Sie wurden am 27. Februar 1955 vom Bundestag gegen die Stimmen der SPD und trotz einer starken außerparlamentarischen Opposition ratifiziert. Mit ihrem Inkrafttreten wurde die Bundesrepublik souverän, blieb allerdings den genannten Einschränkungen unterworfen.

Erst nach Monaten hatten sich die europabewussten Kräfte vom Schock der französischen EVG-Ablehnung erholt. Der Europaanhänger Konrad Adenauer dachte sogar an Rücktritt. Die EGKS-Außenminister beschlossen am 2. Juni 1955 in Messina, ein Komitee unter Vorsitz des Belgiers Paul Henri Spaak mit der Aufgabe zu betrauen, »über die Möglichkeiten einer allgemeinen Wirtschaftsunion sowie über eine Union im Bereich der Kernenergie« zu berichten. Am 19. Mai 1956 genehmigten die EGKS-Außenminister in Venedig den »Spaak-Bericht« mit dem Beschluss der Aufnahme zwischenstaatlicher Verhandlungen. Großbritannien legte sich quer – die wirtschaftlichen Folgen der *splendid isolation* bekam es bald zu spüren – und kündigte im Oktober 1956 die Bildung einer Freihandelszone im Rahmen der OEEC an. Dagegen verliefen die auf **horizontale Integration** abzielen- S. 86
den Verhandlungen der EGKS-Sechsergemeinschaft zur Gründung der Europäischen Wirtschaftsgemeinschaft (EWG) und Atomgemeinschaft (EURATOM) erfolgreich, die in den Römischen Verträgen vom 25. März 1957 verankert wurden. Damit nahm nach der politischen **Teilung Europas** (1945–1955) nun auch die handels- und integrations- S. 80
politische Spaltung des westlichen Kontinents (1958–1972) ihren Lauf. Die Wirtschaftsmacht der Bundesrepublik und der Außenwert der DM stiegen weiter an.

Aufbau und Krise der EWG / EG 1958–1968

Mit dem 1. Januar 1958 traten die Römischen Verträge in Kraft. Die vertragschließenden Staaten (Bundesrepublik, Frankreich, Italien und Benelux) erwarteten sich Wirtschaftswachstum, erhöhten Lebensstandard und einen engeren politischen Zusammenschluss als Fernziele, Abbau der Binnenzölle, Schaffung einer Zollunion und freien

Warenverkehr, u.a. Beseitigung mengenmäßiger Beschränkungen, als Nahziele. Daneben waren gemeinsame Landwirtschafts-, Verkehrs- und Wettbewerbspolitik beabsichtigt sowie die Angleichung innerstaatlicher Rechtsvorschriften. Die Beseitigung der Binnenzölle, Grenzkontrollen und Wettbewerbsverzerrungen wie die Koordinierung der Außenhandels-, Finanz- und Währungspolitik sollten den Produktivitätsrückstand Europas verringern helfen, zu einer aktiveren Industriepolitik führen und die Anpassung an den sozialen Wandel ermöglichen. Der EWG-Vertrag enthielt wenig über die Gestaltung der Wirtschafts- und Währungspolitik. Die Außenpolitik blieb Sache der Mitglieder. Gegenüber Drittstaaten beschränkte sich die Zuständigkeit der Gemeinschaft auf eine gemeinsame Handelspolitik. Besondere Verpflichtungen wurden gegenüber früheren Kolonien (in Afrika und Übersee) übernommen, die in mehreren Etappen gegenüber den so genannten Entwicklungsländern via Assoziierung eingelöst werden sollten. Die Dekolonisierung und das Unabhängigkeitsstreben vor allem der afrikanischen Länder zwangen die EWG zum Einlenken.

Die Europäische Atomgemeinschaft (EURATOM) sah die gemeinschaftliche Entwicklung der Atomforschung zu friedlichen Zwecken für die Energieversorgung Europas vor. Die Mitglieder konnten sich aber nicht auf eine einheitliche Linie verständigen. Konflikte mit Frankreich gab es auch in der Nuklearpolitik und darüber, wie und ob überhaupt die Bundesrepublik als Partner zu integrieren sei. De Gaulle verweigerte Adenauer Herstellung und Besitz von Atomwaffen. In EURATOM musste die Bundesrepublik *de facto* auf Gleichberechtigung mit Frankreich verzichten.

Die Nicht-EWG-Staaten (Dänemark, Großbritannien, Norwegen, Österreich, Portugal, Schweden, Schweiz) schlossen sich zur European Free Trade Association (EFTA) zusammen, die am 3. Mai 1960 in Kraft trat. Finnland wurde 1961 assoziiert. Die Schnelligkeit, mit der sich diese Gruppe von »Außenseitern« organisierte, überraschte. Die

Begeisterung der »outer seven« hielt sich jedoch in Grenzen. Die EFTA hatte entscheidende Schwachpunkte: niedriger Grad an wirtschaftlichem Zusammenhalt, Mangel an Konsens in der EWG-Annäherung, die wirtschaftlich und politisch schwächelnde »Führungsmacht« Großbritannien, die Ablehnung einer weitgehenden Handelsvereinbarung mit der EWG durch die USA und die geographische Zerrissenheit, aus der sich höhere Transportkosten als bei den Staaten »Kerneuropas« ergaben.

Die EFTA entwickelte trotzdem eine gewisse Eigendynamik. Gegenüber der EWG verlor sie zwar ökonomisch, gewann aber als Verfechter der »großeuropäischen« Position. Sie erschien überdies »sozial aufgeschlossener«, »offener« und »internationaler«. Hinzu kamen antikolonialistisch-pazifistische Attitüden, Bemühungen um Ausgleich zwischen Ost und West sowie zur Überwindung des Nord-Süd-Konflikts. Dieses Image wurde vor allem von den Neutralen (Finnland, Österreich, Schweden und Schweiz) aufgebaut.

Die EWG profilierte sich dagegen wirtschaftlich *und* politisch. Im Februar 1961 beschlossen die Regierungschefs, eine Union der Sechsergemeinschaft zu bilden, die Zusammenarbeit zu verstärken und sich in politischen Fragen regelmäßig zu beraten. Die Pläne, die eine Kommission unter Vorsitz des Franzosen Christian Fouchet vorgelegt hatte, scheiterten aber: Die Kernstaaten betonten ihre besondere Verantwortung, während die Benelux-Länder ein »Direktorium der Großen« befürchteten und ein gemeinschaftliches Entscheidungsverfahren bevorzugten.

Es gab Fortschritte und Rückschläge. Ging es politisch nicht weiter, half die Wirtschaft. Am 1. Januar 1959 wurden die Zölle in der EWG erstmals um 10 % gesenkt, um sie schrittweise ganz zu beseitigen. Landwirtschaftsprodukte blieben zunächst ausgenommen, und ein gemeinsames Außenzollsystem wurde errichtet. 1961 öffneten sich die Grenzen in der Gemeinschaft: Die Arbeitnehmer-Freizügigkeit trat in Kraft. Die Agrarpolitik als stärkstes Element der Integration wurde zur größten Belastung des Haushalts. Ein Verhandlungsmarathon brachte 1962 Einigung über die Gemeinsame Agrarpolitik (GAP), setzte Preise für die meisten Produkte fest, sicherte den Lebensstandard der Landwirte bei bevorzugter Stellung der Agrarerzeugnisse und errichtete 1964 einen finanziellen Ausrichtungs- und Garantiefonds für die Landwirtschaft. Gemeinsame Getreidepreise traten ab 1967 in Kraft.

Die wirtschaftlichen Fortschritte waren so groß, dass der EWG-Ministerrat den Beginn der zweiten Stufe der im Römischen Vertrag vorgesehenen Übergangsfrist auf den 1. Januar 1962 rückdatierte und den Abbau der Zölle innerhalb des »Gemeinsamen Marktes« beschleunigte. Seine Attraktivität zeigte sich bald. Staaten, die meinten, sie könnten abseits stehen, mussten umdenken. Mitgliedschaftsbewerber wie Irland, Großbritannien, Dänemark und Norwegen, aber auch Assoziationsbewerber, etwa Griechenland, Türkei, Österreich, Schweden, die Schweiz und Spanien, standen am Sitz der Gemeinschaft in Brüssel an. EWG-interner Standpunkt war, zuerst mit London als attraktivstem Beitrittskandidaten zu verhandeln.

Die integrationspolitische Spaltung Westeuropas in EWG und EFTA basierte auf dem Interessenkonflikt zwischen der Bundesrepublik und Frankreich einerseits und Großbritannien andererseits: Das »British first« der Kommission vereitelte der französische Staatspräsident Charles de Gaulle zweimal. Am 14. Januar 1963 gab der General durch sein Veto massiven Zweifel am politischen Willen Großbritanniens in brüsker Manier bekannt. Die Verhandlungen mit allen anderen Beitrittskandidaten wurden abgebrochen. Kurz darauf, am 22. Januar, unterzeichneten Frankreich und die Bundesrepublik einen Vertrag über die Zusammenarbeit und Vertiefung ihrer Beziehungen. Der EWG-Ministerrat schlug London regelmäßige Kontakte im Rahmen der WEU vor. Politische Unstimmigkeiten zeigten sich in den Debatten um Nuklearwaffen und um die Führungsrollen. Die Deutsche Mark festigte weiter ihre Position.

Von Anfang an hatte die EWG eine globale Dimension. 1964 trat das Abkommen von Jaunde in Kraft, in welchem 18 afrikanischen Staaten Zusammenarbeit auf handelspolitischem, technischem und finanziellem Sektor zugesagt wurde. In den multilateralen GATT (General Agreement on Tariffs and Trade) -Zollverhandlungen im Rahmen der »Kennedy-Runde« (bis 1967) senkte die EWG ihren Außenzoll je nach Erzeugnis (mit Ausnahme der Agrarprodukte) um 35 bis 40%.

Nach Vorstellungen der Kommission und ihres Präsidenten Walter Hallstein sollte die EWG eigene Einnahmen erhalten, wozu Abschöpfungen auf Einfuhren aus Drittländern direkt in die Gemeinschaftskasse abgeführt werden sollten. Diese Eigenmittel sollten vom Parlament kontrolliert und dessen Haushaltsbefugnisse gestärkt werden. De Gaulle lehnte aber diese Vorschläge ab. Der amtierende Ratspräsident Maurice Couve de Murville hielt eine Einigung für ausgeschlossen und erklärte die Sitzung am 30. Juni 1965 für geschlossen. Die französische Regierung sah die EWG in der Krise – und hatte sie selbst ausgelöst. Nach einer siebenmonatigen »Politik des leeren Stuhles« – selbst der ständige Vertreter war zurückberufen worden – wandten sich »die Fünf« mit der Bitte an Frankreich, seinen Platz wieder einzunehmen. Erst am 28. und 29. Januar 1966 konnte die bis dato schwerste Belastungsprobe in der Geschichte der Gemeinschaft mit Hilfe des »Luxemburger Kompromisses« beigelegt werden, wonach der Ministerrat bei Verletzung »vitaler Interessen eines oder mehrerer Partner« innerhalb eines vertretbaren Zeitraums versuchen sollte, Lösungen herbeizuführen, die von allen Mitgliedern akzeptiert werden können. Gleichzeitig wurde bestimmt, was zu tun sei, wenn ein solches Einvernehmen nicht zustande komme, wobei die bisherige Entscheidungspraxis festgeschrieben wurde. Damit wurden Einstimmigkeit und Vetopraxis zur Regel, obwohl eigentlich auf das Mehrheitsprinzip hätte übergegangen werden sollen.

Am 1. Juli 1967 trat der am 8. April 1965 unterzeichnete »Fusionsvertrag« in Kraft, der die Einsetzung eines gemeinsamen Rates und einer gemeinsamen Kommission vorsah. Mit der Vereinigung der Exekutiven erfolgte eine Vereinfachung der Verwaltung. Die drei Versammlungen waren vorher schon zum Europaparlament (EP) vereint worden, während die drei Gerichtshöfe zu einem einzigen Gerichtshof (EuGH) für alle drei Teil-Gemeinschaften zusammengefasst wurden. EGKS, EWG und EURATOM wurden fortan zur EG.

Früh übte die Gemeinschaft auch politischen Druck nach außen aus. Nach dem Militärputsch in Griechenland fror sie am 21. April 1967 das 1959 geschlossene Assoziationsabkommen ein, da die Obristen die Verfassung und demokratische Rechte außer Kraft gesetzt hatten. Erneut lehnte im gleichen Jahr de Gaulle Beitrittsverhandlungen mit Großbritannien ab. Der Antrag Londons blieb aber auf der Tagesordnung. Trotz aller politischen Differenzen traten die positiven ökonomischen Effekte bald ein. Am 1. Juli 1968, 18 Monate früher als in den Römischen Verträgen vorgesehen, trat die Zollunion in Kraft. Alle Binnenzölle waren damit abgeschafft und ein Gemeinsamer Außenzolltarif für den Handel mit Drittstaaten eingeführt. Das innergemeinschaftliche Hauptproblem blieb aber die Regelung der Landwirtschaft.

Trotz einheitlicher Preispolitik und gemeinsamer Marktorganisation war es nicht gelungen, die Probleme auf dem Agrarsektor zu lösen. Es arbeiteten mehr als 10 Millionen Menschen in der westeuropäischen Landwirtschaft. Nur moderne, große und rationell geführte Unternehmen waren überlebensfähig. Die Mehrzahl der Landwirtschaftsbetriebe erfüllte diese Mindestvoraussetzungen jedoch nicht, weshalb der Niederländer Sicco Mansholt – Vizepräsident der Kommission und zuständig für die GAP – eine aktive Sozial- und Strukturpolitik für den Agrarsektor und sozialpolitische Maßnahmen zugunsten solcher Landwirte vorschlug, die aus dem Erwerbsleben ausscheiden oder ihre Betriebe stilllegen würden. Die Verwirklichung des Mansholt-Plans von 1968 sollte an den zu unterschiedlichen Traditionen und Verhältnissen sowie an nationalen Widerständen scheitern, mit denen die GAP bis heute konfrontiert ist. Sie verschlingt das Gros des EU-Haushalts. – Ist die Renationalisierung der Agrarpolitik eine Alternative nach zahlreichen gescheiterten Reformvorstößen? Oder bleibt nur die Anpassung an den Weltmarkt?

Norderweiterung und »Eurosklerose« 1969–1978

Der Haager Gipfel vom 1. und 2. Dezember 1969 bedeutete eine Zäsur. Beschlossen wurde der vertragsmäßige Übergang zur Finalisierung der Römischen Verträge (Schaffung einer Wirtschafts- und Währungsunion, Stärkung der Gemeinschaftsorgane). Vor allem wurde ein Durchbruch für die Erweiterung erzielt – auch mit Blick auf eine effizientere Koordinierung der politischen Zusammenarbeit. Konsens konnte über die Finanzierung der GAP und die Stärkung der Befugnisse des EP hergestellt werden. Die Beitrittsverhandlungen mit Dänemark, Irland, Großbritannien und Norwegen wurden 1970 aufgenommen, was nach dem Rücktritt des erweiterungspolitisch intransigenten De Gaulle (28. April 1969) möglich geworden war. Die Beitrittsakte konnte am 22. Januar 1972 unterzeichnet werden und die Aufnahmen bis auf Norwegen erfolgen, das an einer negativen Volksabstimmung (53%) scheiterte. Mit den Neutralen (Österreich, Schweden, Schweiz und Finnland) und den übrigen EFTA-Staaten (Portugal, Island, Norwegen) schloss die EG bilaterale Freihandelsabkommen. Damit fand der gemeinsame Außenzolltarif für gewerblich-industrielle Produkte für diese Länder keine Anwendung mehr. Der Agrarsektor wurde später liberalisiert.

Ab 1. Januar 1973 erhielten die Beitritte Rechtskraft. Die EG war damit zur Neuner-Gemeinschaft geworden. Wirtschafts- und handelspolitisch bereits eine Weltmacht, schien sie allerdings politisch weiterhin ein »Zwerg«. Die Gemeinschaft wurde dennoch bereits als internationaler Akteur wahrgenommen. Die Supermächte USA und UdSSR mussten reagieren: Die Amerikaner schlugen der erweiterten

Gemeinschaft neue multilaterale Verhandlungen im Rahmen des weltweiten Systems der Handelsliberalisierung General Agreement on Tariffs and Trade (GATT) vor, die im September 1973 in Tokio anliefen. Die UdSSR, die unter Nikita S. Chruschtschow in den 60er Jahren noch eine strikt ablehnende Haltung eingenommen hatte, rang sich mit Leonid Breschnew zu einer pragmatischen Haltung durch und erkannte die »Realitäten« in Europa an.

Der innergemeinschaftliche Weiterbau sollte nun mit Elan angegangen werden: Im Februar 1970 unterzeichneten die Gouverneure der europäischen Zentralbanken ein Abkommen über die Einführung eines Systems kurzfristigen monetären Beistands, ein erster konkreter Schritt in Richtung »Währungssolidarität«. Als Eigenmittel erhielt die EG Einnahmen aus den Zöllen auf Waren, die aus Drittländern eingeführt wurden, aus der Abschöpfung bei der Einfuhr von Agrarerzeugnissen und einem Teil des Mehrwertsteueraufkommens der Mitgliedsländer, der bis zu 1% der einheitlichen Bemessungsgrundlage ausmachen konnte. Im Ansatz war damit schon die finanzielle Autonomie der Gemeinschaft gegeben.

Die Billigung des »Davignon-Berichts«, benannt nach dem belgischen Diplomaten Etienne Davignon, bedeutete regelmäßige Außenministertreffen zur Beratung und Abstimmung der Standpunkte. Man wollte durch regelmäßige Konsultationen zu einem besseren gegenseitigen Verständnis bei der Beurteilung internationaler Konflikte und Interessenausgleich kommen. Der Bericht reflektierte das gewachsene Problembewusstsein der EG für internationale und globale Krisen. Subsumiert wurde das angestrebte Verfahren fortan unter »Europäische Politische Zusammenarbeit« (EPZ).

Eine Gruppe aus Finanz- und Währungsfachleuten unter Vorsitz des luxemburgischen Regierungschefs Pierre Werner legte im Oktober 1970 einen Stufenplan zur Verwirklichung einer Wirtschafts- und Währungsunion (WWU) vor. Danach sollte die Wirtschaftspolitik der Mitglieder schrittweise angenähert und vereinheitlicht und somit eine Währungsordnung geschaffen werden, die bis 1980 zu einer gemeinsamen Währung führen sollte. Der EG-Ministerrat setzte den Beginn der ersten Stufe des »Werner-Plans« mit 1. Januar 1971 fest und beschloss, die Koordinierung der Wirtschaftspolitiken zu intensivieren. Die Mitgliedsländer wurden aufgefordert, Maßnahmen zur Harmonisierung der Budgetpolitik und Verringerung der Bandbreiten der Wechselkurse zu ergreifen.

Diese Aufbruchstimmung verflog jedoch rasch. Durch eine von den USA mitverursachte internationale Währungskrise wurde der Start des Vorhabens empfindlich gestört, ausgelöst durch die Überbewertung des Dollars gegenüber dem Goldstandard und den an ihn gebundenen Währungen. Im August 1971 hoben die USA die Konvertibilität ihrer Währung in Gold auf. Der Zusammenbruch des Weltwährungssystems von Bretton Woods war die Folge. Politischer Hintergrund war der für die Vereinigten Staaten nicht mehr durchzuhaltende Vietnam-Krieg. Die Wechselkursparitäten der EG-Staaten waren nicht anzunähern, sie gingen noch mehr auseinander. Erst im Dezember war ein Ende der Währungsturbulenzen erkennbar. Dollar und Lira wurden abgewertet und D-Mark, holländischer Gulden, belgischer und Schweizer Franken sowie japanischer Yen aufgewertet, während die Paritäten zwischen französischem Franc und britischem Pfund gegenüber dem Gold unverändert blieben. Im April 1972 beschloss die EG, die Wechselkurse der Währungen der Mitgliedstaaten nur noch um maximal 2,25% voneinander abweichen zu lassen. Auch Großbritannien, Dänemark und Irland beteiligten sich an dieser »Währungsschlange«, obwohl sie der Gemeinschaft formell noch gar nicht angehörten. Die erste Stufe der WWU, geplant mit 1. Januar 1971, war jedoch aufgrund der Dollarkrise nicht mehr erreichbar.

Die Gründe für das vorläufige Scheitern des »Werner-Plans« lagen aber tiefer, vor allem in den unterschiedlichen Währungsstrukturen und -politiken der Mitgliedstaaten und ihrem Widerstand gegen zu starken Anpassungsdruck von außen. Während sich der Dollar relativ rasch wieder erholte, mussten das britische und irische Pfund sowie der französische Franc aus der »Währungsschlange« ausscheiden, weil sie die Höchstbandbreiten gegenüber den Wechselkursen nicht einhielten.

Nachdem es diesmal im wirtschaftlichen Bereich kriselte, wurde die EG politisch aktiv. Auf dem Pariser Gipfel vom 19. und 20. Oktober 1972 legten die Staats- und Regierungschefs neue, in den Verträgen bisher nicht vorgesehene Politikfelder der Gemeinschaft fest: Regional,- Umwelt- und Energiepolitik. Die Verwirklichung der Wirtschafts- und Währungsunion gemäß des »Werner-Plans« wurde nun für 1980 gefordert. Doch nach einigermaßen überstandener Währungskrise kündigte sich bereits neuer Konfliktstoff an.

Im Zuge des Yom-Kippur-Krieges zwischen Israel und Ägypten im Oktober 1973 verhängten die arabischen Länder ein Embargo für Erdölausfuhren in die Niederlande und schränkten ihre Erdölexporte in andere Industrienationen merklich ein. Die Organisation Erdölexportierender Länder (OPEC) beschloss eine Vervierfachung der Rohölpreise, was zur Erhöhung der industriellen Herstellungskosten und Zahlungsbilanz-Schwierigkeiten führte. Die EG, die 63% ihres Energiebedarfs größtenteils in Form von Rohöl aus dem Nahen Osten importierte, war davon schwer betroffen. Im Rahmen der EPZ sollte zu einer friedlichen Lösung des Nahostkonflikts beigetragen werden, doch waren keine wirksamen Politikinstrumente vorhanden. Der Gipfel der EG-Staaten in Kopenhagen machte angesichts der drastischen Erhöhung der Rohölpreise die Verständigung auf eine gemeinsame Linie unmöglich. Er beschloss lediglich die Grundlage für eine gemeinsame Energiepolitik zu schaffen – und das nicht zum ersten Mal.

Indes machte nun das neue EG-Mitglied Großbritannien Schwierigkeiten. Die Labour Party kündigte im Wahlkampf Neuverhandlungen über die Aufnahmebedingungen an, gewann damit prompt die

Urnengänge und löste die Konservativen ab. Die neue Regierung machte Ernst und beantragte im April 1974 tatsächlich Neuverhandlungen über den britischen EG-Beitritt. Der Pariser Gipfel vom 9. und 10. Dezember 1974 sollte zur Entspannung beitragen. Einigung konnte er in der Mittelausstattung des Europäischen Fonds für regionale Entwicklung (EFRE) erzielen. Die Staats- und Regierungschefs verständigten sich auch auf regelmäßige Europäische Ratstreffen, um dort nicht nur Gemeinschaftsanliegen, sondern auch internationale und globale Probleme zu erörtern. Der im Vertragsrecht nicht verankerte »Europäische Rat« (ER) sollte fortan die unregelmäßig stattfindenden Gipfel ersetzen und zu einem Motor der Integration werden. Ein nicht unerheblicher Konsenspunkt des Pariser Gipfels war die Durchführung allgemeiner und direkter Wahlen des Europaparlaments. Der belgische Ministerpräsident Leo Tindemans wurde beauftragt, einen Bericht zu erstellen, wie die gesamten Beziehungen der EG-Mitglieder in eine »Europäische Union« transferiert werden könnten. Auf dem ER-Treffen in Dublin im März 1975 gelang eine Lösung durch Halbierung des britischen Beitrags zum Gemeinschaftshaushalt. Die Divergenzen fanden im Juni 1975 ein vorläufiges Ende, als die Inselbewohner in einem Referendum mit großer Mehrheit für den Verbleib in der EG votierten, was bei der zugestandenen Begünstigung in der Zahlungsfrage nicht verwunderte und den politischen Einfluss der Franzosen reduzierte.

Durch die anhaltenden Probleme konnte die Gemeinschaft nicht, wie vorgesehen, Anfang 1974 in die zweite Stufe der WWU eintreten. Die wirtschaftliche Missstimmung hielt an. Mitte der 70er Jahre war die Situation durch zunehmende Arbeitslosigkeit, die Verlangsamung des Wirtschaftswachstums und Krisen in diversen Wirtschaftsbranchen, etwa der Textil-, vor allem aber in der Eisen- und Stahlindustrie gekennzeichnet.

Dennoch vergaß die EG nicht ihre Außenverantwortlichkeit. Am 28. Februar 1975 schloss sie mit 46 Staaten in Afrika, der Karibik und

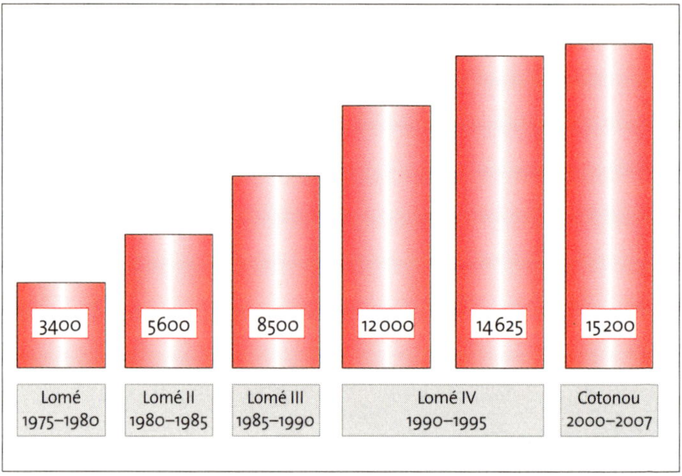

Finanzhilfen der EG / EU im Kontext der Handels- und Entwicklungsabkommen mit den AKP-Ländern in Mio ECU / Euro

im Pazifik (»AKP-Staaten«) das Abkommen von Lomé, das den Vertrag von Jaunde und die Folgevereinbarungen ablöste und erweiterte. Handelspolitische Zusammenarbeit, Sicherung des freien Zugangs aller Waren mit Ursprung aus dem AKP-Bereich zum EG-Markt, Garantie der Stabilisierung der Ausfuhrerlöse für 36 Grundstoffe aus den AKP-Staaten und Absicherung gegen Preisschwankungen auf dem Weltmarkt sowie industrielle und finanzielle Kooperationen wurden vereinbart. Im April 1976 schloss die EG auch Abkommen mit dem Maghreb (Tunesien, Algerien, Marokko) und im Januar 1977 mit den »Maschrik-Ländern« (Ägypten, Syrien, Jordanien und Libanon). Diese Abmachungen kamen in der Regel der EWG als Exportmacht viel mehr zugute als den »Entwicklungsländern«. Assoziierung glich vielfach einem Satellitenstatus. Ein Vertrag mit Israel folgte am 11. Mai 1975, womit eine »Gesamtpaket-Lösung« für den Mittelmeerraum realisiert wurde.

Aufgrund von Währungs-, Energie- und Wirtschaftskrisen in den 70er Jahren entstand eine integrationspolitische Stagnation, oftmals auch undifferenziert »Eurosklerose« genannt. Der Europäische Gerichtshof (EuGH) hatte aber gerade in dieser Zeit vermeintlichen Stillstands durch eine Vielzahl von Urteilen für einen Ausbau gemeinsamen Rechtsbestands gesorgt.

Der erst allmählich ins öffentliche Bewusstsein gedrungene EuGH war am 4. Dezember 1952 zunächst als Gerichtshof der EGKS gegründet worden. Er hatte vorerst als rechtsprechende Gewalt nur ein Schattendasein geführt, sich jedoch schrittweise zu der am besten funktionierenden EG-Institution entwickelt. In dem Maße als durch die Luxemburger Grundsatzurteile eine Rechtsordnung in Europa geschaffen wurde, die von allen Mitgliedstaaten anerkannt werden musste, zogen die 13 europäischen Richter und sechs Generalanwälte immer mehr öffentliche Aufmerksamkeit auf sich. Dank des EuGH wurden durch systematische Verurteilung jeder Art von Diskriminierung aufgrund der Staatsangehörigkeit seitens der Mitgliedstaaten erst Freizügigkeit und Niederlassungsfreiheit in der EG realisiert. Damit schuf er die Basis für die künftige europäische Staatsbürgerschaft, während er gleichzeitig die Rechtsstaatlichkeit der EG zu wahren vermochte, vor allem durch Urteile zum Schutz der Rechte des Bürgers. Zu den bekanntesten der Tausende von abgeschlossenen Verfahren gehört jenes zum »Cassis de Dijon« von 1979, mit der der freie Warenverkehr auch bei noch unterschiedlichen nationalen Bestimmungen garantiert wurde, oder das »Bierurteil« von 1987, in dem Deutschland der Versuch verboten wurde, unter Verweis auf das »Reinheitsgebot« den deutschen Markt vor der Konkurrenz aus den EG-Partnerstaaten zu schützen. Den Ruf, ein Motor der Integration zu sein, erlangte der EuGH durch Zulassung und Stattgebung von Klagen des EP in Kompetenzkonflikten mit dem Ministerrat (MR), ja er scheute auch nicht vor Verurteilung des MR auf Klage von EP-Abgeordneten wegen Untätigkeit, zum Beispiel in der Verkehrspolitik, zurück. Durch seine Entscheidungen übte der EuGH Druck auf die Mitglieder aus, die Gesetzgebung der Gemeinschaft rascher in nationales Recht umzusetzen. Seit dem Vertrag von Maastricht kann der EuGH bei Verletzungen von EG-Recht auf Antrag der Kommission auch finanzielle Sanktionen gegen ein Mitglied verhängen.

Direktwahlen zum EP und Süderweiterung 1979–1986

Nach ihrer Redemokratisierung hatten Griechenland (1975), Portugal und Spanien (1977) Anträge auf Vollmitgliedschaft gestellt. Wegen ihrer unterschiedlichen Entwicklung und angesichts noch nicht realisierter Vertiefungsabsichten stand die EG vor neuen Herausforderungen nicht nur finanzieller Natur, sondern auch hinsichtlich des reibungslosen Funktionierens ihrer Organe. Aber auch innergemeinschaftlicher Demokratiebedarf war gegeben. Am 1. Dezember 1975 beschloss der ER in Rom formell die direkte und unmittelbare Wahl der Abgeordneten zum EP. Die ersten Wahlen wurden für Frühjahr 1978 festgelegt, dann aber auf den 7. bis 10. Juni 1979 verschoben. Fünfundzwanzig Jahre waren vergangen, bis die Gemeinschaft sich durchrang, diese bereits in den Römischen Verträgen in Aussicht genommene Entscheidung zu treffen, womit eine partielle Demokratisierung einsetzte. Am 29. Dezember legte Tindemans seinen Bericht vor, der aus Konsultationen aller europäischen Organe, Regierungen aller Mitgliedstaaten, politischer Parteien, Berufsorganisationen und Gewerkschaften erwachsen war. Zur schrittweisen Schaffung einer »Europäischen Union« schlug er einen Maßnahmenkatalog vor, der sich aus Elementen gemeinsamer Außenpolitik, einer Wirtschafts- und Währungsunion, europäischer Sozialpolitik, Regionalpolitik, gemeinsamer sektorialer Industriepolitik und Stärkung der Gemeinschaftsorgane zusammensetzte. Der »Tindemans-Bericht« stand mehrfach auf den Tagesordnungen der Gemeinschaftsstaaten, führte aber zu keinen konkreten Ergebnissen. Es war einer der vielen Anläufe, die politische Union zu verwirklichen.

Wieder half die Wirtschaft. Die EG normalisierte ihre Außenbeziehungen zum Ostblock. Auf Ersuchen des Council of Mutual Economic Assistance (COMECON) im Februar 1976 wurden erste Kontakte über den Abschluss von Rahmenabkommen geknüpft, im April 1978 folgte ein Handelsabkommen mit China, das sich lange von der internationalen Politik und vom Weltmarkt abgeschottet hatte.

Die wirtschaftspolitischen Zielsetzungen von Anfang der 70er Jahre blieben aktuell. Vom 9. bis 10. März 1979 tagte der ER in Paris und setzte das in Bremen im Vorjahr bereits vorgedachte Europäische Währungssystem (EWS) in Kraft. Verdient gemacht haben sich hierfür Frankreichs Staatspräsident Valéry Giscard d'Estaing und der deutsche Bundeskanzler Helmut Schmidt. Es basierte auf vier Grundelementen: einer Europäischen Währungseinheit, der European Currency Unit (ECU), einem Wechselkurs- und Interventionsmechanismus sowie Kredit- und Transfermechanismen. Großbritannien beteiligte sich nicht vollständig am EWS, welches von einer entsprechenden Konvergenz der Wirtschaftspolitik der Mitgliedstaaten getragen sein musste und ferner die Stützung des wirtschaftlichen Potentials weniger wohlhabender Länder der EG voraussetzte.

Nachdem die Verhandlungen im Juli 1976 offiziell begonnen hatten, konnte am 28. Mai 1979 Griechenland einen Beitrittsvertrag unterzeichnen, der eine fünfjährige Übergangsfrist vorsah, in deren Verlauf die griechische Wirtschaft sukzessive an das Niveau der EG angepasst werden sollte. Die EG sagte zu diesem Zweck beträchtliche finanzielle Mittel zu. Der Vertrag trat ab 1. Januar 1981 in Kraft.

Vom 7. bis 10. Juni 1979 wählten die Bürger der neun EG-Mitgliedstaaten zum ersten Mal in der Geschichte der EG die Abgeordneten des EP in allgemeiner und direkter Wahl. Das neu gewählte EP hatte gegenüber bisher 198 nun 410 Abgeordnete, je 81 aus der Bundesrepublik, Großbritannien, Italien und Frankreich, 25 aus den Niederlan-

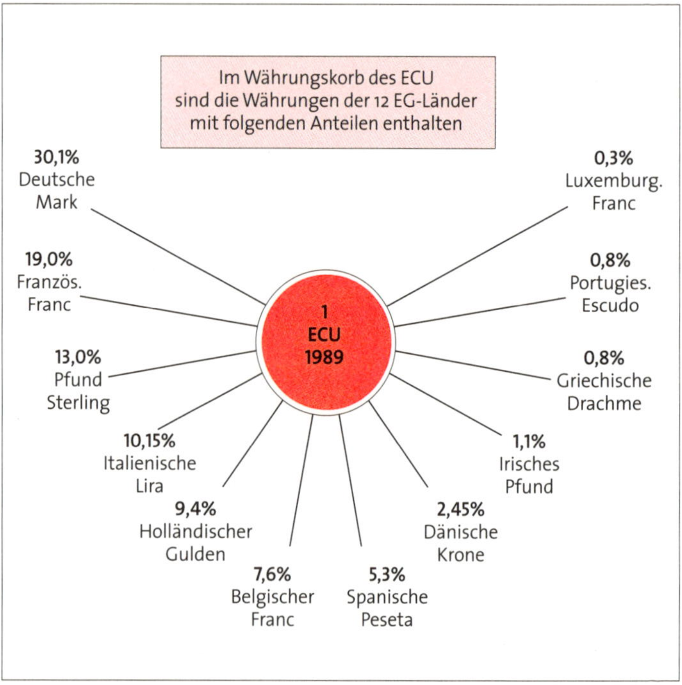

Die Rechnungseinheit im »Währungskorb«: Der ECU als Vorläufer des Euro

den, 24 aus Belgien, 16 aus Dänemark, 15 aus Irland und 6 aus Luxemburg. Die Wahlbeteiligung lag insgesamt bei 61%, war jedoch von Land zu Land sehr unterschiedlich. 112 Abgeordnete der sozialistischen, 106 der christdemokratischen Europäischen Volkspartei (EVP) sowie 63 Vertreter der Konservativen waren die hauptsächlichen Gewinner.

Die im ökonomischen und politischen Bereich zu diagnostizierende »Eurosklerose« wurde Anfang der 80er Jahre durch eine konzertierte deutsch-französische Politik überwunden. Die Akteure des Dreiecks Paris-Brüssel-Bonn waren François Mitterrand, Jacques Delors und Helmut Kohl. Ein integrationspolitischer Neuanlauf bahnte sich an – trotz unterschiedlicher Weltanschauungen.

Am 19. Juni 1983 hatte der ER in Stuttgart die »Feierliche Deklaration zur Europäischen Union« unterzeichnet, und am 14. Februar 1984 war ein Vertragsentwurf zur Gründung der »Europäischen Union« vom EP angenommen worden – was an sich politisch noch nicht viel hieß, aber eine Aufbruchstimmung signalisierte. Am 9. April des gleichen Jahres folgte anlässlich eines EG- und EFTA-Ministertreffens die »Luxemburger Erklärung« vom 9. April 1984. Darin einigte man sich auf Schaffung eines einheitlichen »europäischen Wirtschaftsraumes«, eine Vokabel, die fünf Jahre später unter veränderten Rahmenbedingungen wieder aufgegriffen werden sollte. Die Luxemburger Erklärung war Einsicht in die Notwendigkeit neuer Initiativen (und Institutionen) sowie Ausdruck des Unbehagens über das integrationspolitische Schisma in Westeuropa. Am 7. Januar 1985 hatte der französische Sozialist Delors die Präsidentschaft der EG-Kommission übernommen, ein Ereignis, welches zunächst kein besonderes Aufsehen erregen, aber folgenreich sein sollte.

Nach Unterzeichnung der Beitrittsakte von Spanien und Portugal wurde die Zwölfer-Gemeinschaft ab 1. Januar 1986 Realität. Mit der Aufnahme der Südeuropäer war eine wichtige demokratie- und ordnungspolitische Funktion mit Blick auf die neuen Mitglieder verbunden. Die Einbeziehung dieser Staaten in den Integrationsprozess stützte und konsolidierte ihre Ökonomien und Demokratien.

EEA, Maastricht und der Neutralen-Beitritt 1987–1995

Am 3. Dezember 1985 einigte sich der ER im Grundsatz über die »Einheitliche Europäische Akte« (EEA) zum Ausbau der vertraglichen Grundlagen der Gemeinschaft im Sinne der feierlichen Stuttgarter Deklaration. Mit Delors' Aktivitäten verstärkte sich die Absicht zur

Dynamisierung der Integration: Das von der EG-Kommission seit 1985 lancierte Binnenmarktkonzept »EG 92«, die am 1. Juli 1987 in Kraft getretene EEA, der 1988 vorgelegte Cecchini-Bericht (»The Cost of Non-Europe«) – benannt nach dem Italiener und Ausschuss-Vorsitzenden Paolo Cecchini –, in dem die Kosten bei einem Nichtzustandekommen des Binnenmarktes vorgerechnet wurden, das »Delors-Paket«, welches eine Reform des Finanzierungssystems, der GAP und die Aufstockung des Strukturfonds der EG vorsah, sowie der »Drei-Stufen-Delors-Plan« zur Schaffung einer WWU machten die neue Qualität der Integrationspolitik deutlich. Die Projekte demonstrierten den Willen zur Vertiefung. Die Gemeinschaft rang sich vor dem Hintergrund der Internationalisierung der politischen und der verstärkten Globalisierung der wirtschaftlichen Beziehungen zu einer ökonomischen und monetären Einheit durch.

Mit Blick auf die geplante Vollendung des EG-Binnenmarktes griff Delors im Januar 1989 die Idee des Luxemburger Gipfels von 1984 auf, die Schaffung eines Europäischen Wirtschaftsraums (EWR), wonach die EFTA-Staaten das EG-Binnenmarktrecht (*acquis communautaire*) adaptieren und eine multilaterale Assoziation bilden sollten. Das langwierige *follow up* sollte durch einen intensivierten Ansatz ergänzt werden, der das gesamte Binnenmarktrecht umfassen und mit Blick auf institutionelle Fragen gemeinsame Entscheidungs- und Durchführungsorgane von EG und EFTA schaffen würde. Die Initiative wurde von den EFTA-Ländern positiv aufgenommen und »erweiterte Zusammenarbeit« beschlossen.

Unter KPdSU-Generalsekretär Michail Gorbatschow hatte im Kreml eine deutlich veränderte, zunehmend positive Haltung gegenüber der EG eingesetzt. Die UdSSR erkannte sie nicht nur diplomatisch an, sondern arbeitete auch auf den Abschluss eines wirtschaftlichen Kooperationsabkommens zwischen COMECON und Gemeinschaft hin. Bereits seit Dezember 1989 bestand ein Handelsabkommen zwischen Moskau und Brüssel. Der Wandel von der Konfrontation zur

	Handel untereinander	Handel mit der übrigen Welt	Handel mit EG bzw. RGW
RGW	155	71	44
EG	895	673	44

Im Zeichen der politischen Entspannung: RGW (COMECON) und EG kommen sich näher. Handelsvolumen (Import und Export) in Milliarden Dollar 1986

Zusammenarbeit hing vorrangig damit zusammen, dass sowjetischerseits die ökonomische Potenz der EG für den eigenen Reformprozess benötigt wurde. Premierminister Viktor Tschernomyrdin gab den russischen Wunsch zu erkennen, Wirtschaftspartner der EU zu werden, um auf den europäischen Märkten präsent zu sein.

Die Überwindung der deutschen Teilung im Zuge der **Revolutionen in Mittel- und Osteuropa** und durch den Massenprotest in der DDR 1989 und das daraus hervorgegangene politisch geeinte Deutschland sollten die alte Bundesrepublik um fünf neue Bundesländer vergrößern. Der sich abzeichnende Zuwachs an Territorium und Zugewinn von 18 Millionen neuen Bürgern alarmierte die EG-Partner. Auf dem ER in Straßburg am 8. und 9. Dezember 1989 herrschte eisige Stimmung gegenüber Kohl und seinem »10-Punkte-Plan« vom November, der föderative Strukturen für beide deutschen Staaten vorgesehen hatte. Nur der Spanier Felipe Gonzales hatte sich für die deutsche Einheit ausgesprochen. Die Situation war offen. Im Januar und Februar 1990 unterbreitete Gorbatschow Vorschläge für ein neutralisiertes und vereintes Gesamtdeutschland. Von einer Preisgabe der DDR als NATO-Territorium war noch keine Rede. Doch verfügte Kohl über die bewährte Qualität des »Aussitzens«, über volle politische Unterstützung seitens der USA und über die finanziellen Mittel, während das Sowjetimperium in seinem europäischen Herr-

S. 91

schaftsbereich bereits Auflösungserscheinungen gezeigt hatte. Politische Vertrauensbildung und weitere wirtschaftliche Vorleistungen im Integrationsprozess taten ein Übriges. Der Kanzler erklärte dem US-Secretary of State James Baker nach dem Straßburger Gipfel, »daß die deutsche Entwicklung in eine europäische Architektur eingebettet werden müsse«. Um die Sorge der EG-Partner aufgrund der ökonomischen Potenz Deutschlands zu dämpfen, war er bereit, die Schaffung einer WWU auch gegen deutsche Interessen mitzutragen.

Die deutsche Wirtschafts- und Währungsunion (in Kraft seit 1. Juli 1990), die eine Zollunion zwischen EG und DDR schuf, machte den Anfang zur ökonomischen Vereinigung Deutschlands und sollte wegweisend für die europäische Einheit sein. Diese musste allerdings im westlichen Teil des Kontinents erst gefunden werden. Am 21./22. Oktober 1991 konnte beim parallelen Treffen des EG-Ministerrats und der EFTA-Minister nach zähen Verhandlungen der politische Durchbruch erzielt werden. Die EWR-Verhandlungen wurden erfolgreich abgeschlossen, und die umstrittene Beteiligung der EFTA-Staaten am EG-Kohäsionsfonds zugunsten der strukturschwachen Staaten in der Gemeinschaft geregelt werden. Nach längeren Verhandlungen mit dem EuGH über Fragen der Übernahme von bestehendem EG-Recht konnte am 2. Mai 1992 in Porto das EWR-Abkommen, eine globale, multilaterale Assoziation von EFTA-Ländern (Österreich, Norwegen, Schweden, Finnland, Island und Liechtenstein – die Schweiz musste nach dem negativen Referendum vom 6. Dezember 1992 ausscheiden) mit der EGKS und der EWG (Artikel 238 EWG-Vertrag) unterzeichnet werden.

Der in Europa weithin unterschätzte EWR-Vertrag war eine stark verbesserte Freihandelszone und der bis dato weltweit größte Wirtschaftsraum (in Kraft seit 1. Januar 1994). In seiner globalen Dimension hatte er großes Gewicht. Insgesamt über 370 Millionen Menschen sollten in den Genuss der »Vier Freiheiten« des Binnen-

Die vier Freiheiten im Binnenmarkt

Freier Personenverkehr

Wegfall von Grenzkontrollen

Harmonisierung der Einreise-, Asyl-, Waffen-, Drogengesetze

Niederlassungs-und Beschäftigungsfreiheit für EG-Bürger

Verstärkte Außenkontrollen

Freier Dienstleistungsverkehr

Liberalisierung der Finanzdienste

Harmonisierung der Banken- und Versicherungsaufsicht

Öffnung der Transport- und Telekommunikationsmärkte

Freier Warenverkehr

Wegfall von Grenzkontrollen

Harmonisierung oder gegenseitige Anerkennung von Normen und Vorschriften

Steuerharmonisierung

Freier Kapitalverkehr

Größere Freizügigkeit für Geld- und Kapitalbewegungen

Schritte zu einem gemeinsamen Markt für Finanzleistungen

Liberalisierung des Wertpapierverkehrs

Der »Marché Commun« wird Realität (in Kraft 1. Januar 1993)

marktes kommen, also die Vorteile eines freien Waren-, Dienstleistungs-, Kapital- und Personenverkehrs wahrnehmen. Für Direktinvestitionen innerhalb der 17 beteiligten Länder gab es keine devisenrechtlichen Beschränkungen mehr, EWR-Bürger konnten in jedem Staat des Wirtschaftsraums Arbeit suchen, ohne eine Arbeitsbewilligung zu beantragen.

Mit dem EWR bekam die Gemeinschaft die notwendige Atempause für Vertiefungsanliegen, denn ab 1990 sollten sich die politischen, vor allem aber die ökonomischen Grundlagen weltweit, auch innerhalb der EG, stark verändern. Die wirtschaftlichen Folgen der deutschen Einheit, der Zusammenbruch des Rubel-Raums, die nachlassende wirtschaftliche Dynamik, die bei wachsender Arbeitslosigkeit immer spürbarer werdende Rezession in den EG-Staaten, Turbulenzen im EWS durch groß angelegte internationale Spekulationen, wie die des Börsengurus George Soros, und das Versagen einer europäi-
S. 93 schen Sicherheitspolitik angesichts der **Balkan-Kriege** stellten unübersehbare Warnzeichen dar.

Vor diesem Hintergrund erschienen die vertraglichen Zielsetzungen von Maastricht als gerade noch rechtzeitiger, wenn nicht verzweifelter Versuch einer gemeinsamen Anstrengung, die zentripetalen und europafreundlichen Kräfte zu konzentrieren. Am 9. und 10. Dezember 1991 hatten die Staats- und Regierungschefs auf diesem zur Berühmtheit gelangten ER in den Niederlanden dem Vertrag zur Schaffung einer Wirtschafts-, Währungs- und Politischen Union mit Aufwertung der WEU und der Schaffung einer Gemeinsamen Außen- und Sicherheitspolitik (GASP) zugestimmt, der am 7. Februar 1992 unterzeichnet wurde. Das Vertragswerk sollte, gemessen an der bisherigen Integration, ein großer Erfolg werden. Es diente vor allem als verstärkter Integrationsrahmen für das geeinte Deutschland.

Die Erfüllung der Konvergenzkriterien zur Gewährleistung der Bedingungen für die Schaffung der WWU machten Budgetsanierungen, Sparmaßnahmen und Steuererhöhungen erforderlich. Der Ratifizierungsprozess zog sich über 1992/1993 hin und drohte den Beitritt der Neutralen und Norwegens zu verzögern. Die **Vertiefung der**
S. 95 **EG** hatte stets Priorität vor Neuaufnahmen, bis der ER in Lissabon am 26./27. Juni 1992 die Wende für die Befürworter einer Erweiterung um die EFTA-Staaten brachte. Das Ende der kleinen Freihandelszone, und somit des Integrationsschismas in Westeuropa, deutete sich an.

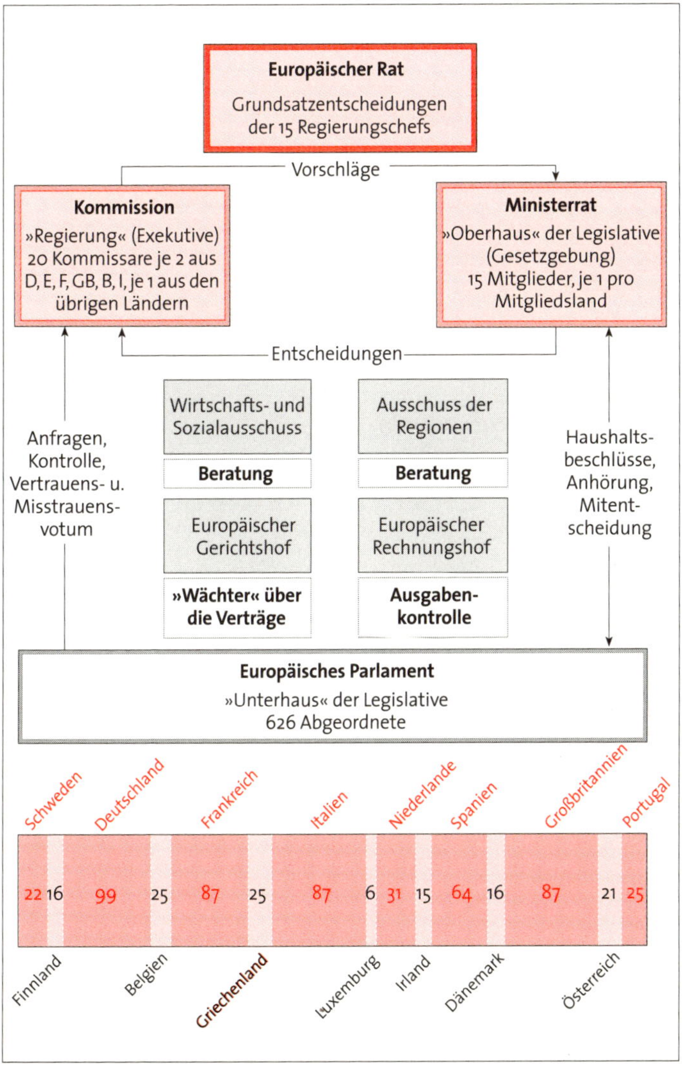

Das Funktionieren der EU in den 90er Jahren

Die innerstaatlichen Debatten um Maastricht erzeugten eine starke Polarisierung. Mit Ausnahme Irlands, dessen Bevölkerung im Juni 1992 mit 68,7% ein Votum für die EU abgab, entwickelten sich am Kontinent heftige Kontroversen. Frankreich hatte am 20. September 1992 knapp mit 51,05% und Dänemark erst im zweiten Anlauf mit 56,8% am 18. Mai 1993 positiv entschieden. Erst am 1. November 1993 konnte der Maastrichter Vertrag in Kraft treten, nachdem das deutsche Bundesverfassungsgericht in Karlsruhe ein positives Urteil über die Verträglichkeit mit dem Grundgesetz abgegeben hatte. Die politische Integration hatte angesichts der langen Auseinandersetzungen um das Vertragswerk an Dynamik eingebüßt.

Mit Realisierung des Binnenmarktes (1. Januar 1993) war vorerst das ökonomische Haupterfordernis der Vertiefung erfüllt und damit der Weg für die Verhandlungen mit den Beitrittsbewerbern (1993–1994) frei. Aufgrund langer Vorarbeiten handelte es sich um die schnellste Erweiterung. Am 1. Januar 1995 traten Schweden, Österreich und Finnland der EU bei. Die »Fünfzehner-Gemeinschaft« war Realität, während die norwegische Bevölkerung den Beitritt erneut ablehnte. Mit Blick auf Erweiterungen hatte der ER in Kopenhagen im Juni 1993 beschlossen, dass der Beitritt eines assoziierten Landes erfolgen könne, wenn die erforderlichen politischen und wirtschaftlichen Voraussetzungen erfüllt seien und der *acquis communautaire* übernommen werden könne. Institutionelle Stabilität, rechtsstaatliche Ordnung, Wahrung der Menschenrechte, die Achtung vor und der Schutz von Minderheiten sowie eine funktionierende und wettbewerbsfähige Marktwirtschaft der Kandidatenländer, aber auch die Fähigkeit der EU, neue Mitglieder aufzunehmen, ohne die Integrationsdynamik zu gefährden, gehören zu den so genannten Kopenhagener Kriterien. Damals galt noch der Grundsatz »Vertiefung vor Erweiterung«. Die Beitrittsbewerber sollten sukzessive aufgenommen werden. Inzwischen gibt die Politik vor, dass die Aufnahme aller auf einen Schlag realisierbar sein soll.

Die Verträge von Amsterdam und Nizza 1996–2000

Während der Maastrichter Vertrag zur Geburtsstunde der EU wurde, in dem er einen Fahrplan für die Integration bis zum Ende des 20. Jahrhunderts vorgab, versuchte der am 2. Oktober 1997 unterzeichnete Amsterdamer Vertrag konkrete Schritte einzuleiten, um die EU »bürgernäher« zu gestalten und eine politische Identität nach innen wie nach außen zu schaffen. Er setzte dort an, wo mit der Weiterentwicklung der vertraglichen Grundlagen der EG (EEA 1986 und Maastricht 1992) begonnen worden war und schrieb sie weiter fort.

Der Amsterdamer Vertrag war das Ergebnis der Regierungskonferenz zur Vertragsreform, die am 29. März 1996 in Turin eröffnet und mit Vorlage eines neuen Entwurfs an den ER in Amsterdam am 16. Juni 1997 finalisiert worden war. Er änderte und ergänzte die beiden europäischen Hauptverträge (EGKS, EWG) und den Unionsvertrag von Maastricht, auf denen die Gemeinschaftskonstruktion bisher fußte. Daneben wurde ein »Stabilitätspakt« für die Wahrung der Haushaltsdisziplin für die dritte Stufe der WWU verabschiedet, wodurch der Euro fristgerecht mit dem 1. Januar 1999 eingeführt werden konnte. Der Ausbau der Sozial- und Beschäftigungspolitik und die Schaffung neuer Arbeitsplätze blieben Anliegen. Durch ergänzende Beschlüsse der folgenden Ratstreffen wurden weitere Teilerfolge erzielt: die stärkere Einbeziehung des EP (Erweiterung der Befugnisse; Gleichstellung mit dem MR bei der Gesetzgebung: Mitentscheidung bei qualifizierten Mehrheitsentscheidungen des MR, die ausgeweitet wurden); Stärkung des Kommissionspräsidenten, Verbesserung des Grundrechtsschutzes der Union (»Bürgernähe«, Fortschritte bei der Gleichstellung der Geschlechter, Zuständigkeit des EuGH in Grundrechtsfragen; Sanktionsverfahren gegen Mitgliedstaaten, die den Grundrechtsbestand und Prinzipien der Rechtsstaatlichkeit und Demokratie gravierend verletzen), der Zusammenarbeit

Die Europäische Union		
Erste Säule **Europäische Gemeinschaft**	Zweite Säule **Gemeinsame Außen- und Innenpolitik**	Dritte Säule **Zusammenarbeit Innen-und Justizpolitik**
• Zollunion und Binnenmarkt • Agrarpolitik • Strukturpolitik • Handelspolitik • Wettbewerbspolitik **Neue oder geänderte Reglungen für:** • Wirtschafts- und Währungsunion • Unionsbürgerschaft • Bildung und Kultur • Transeuropäische Netze • Verbraucherschutz • Gesundheitswesen • Forschung und Umwelt • Sozialpolitik	**Außenpolitik:** • Kooperation, gemeinsame Standpunkte und Aktionen • Friedenserhaltung • Menschenrechte • Demokratie • Hilfe für Drittstaaten **Sicherheitspolitik:** • Gestützt auf die WEU: die Sicherheit der Union betreffende Fragen • Abrüstung • wirtschaftliche Aspekte der Rüstung • Langfristig: europäische Sicherheitsordnung	• Asylpolitik • Außengrenzen • Einwanderungspolitik • Kampf gegen Drogenabhängigkeit • Bekämpfung des Verbrechens • Justitielle Zusammenarbeit in Zivil-und Strafsachen • Polizeiliche Zusammenarbeit
Entscheidungsverfahren:	Entscheidungsverfahren:	Entscheidungsverfahren:
EG-Vertrag	**Regierungszusammenarbeit**	**Regierungszusammenarbeit**

Drei-Säulen-Modell des Unionsvertrages von Maastricht (in Kraft 1. November 1993)

in den Bereichen Justiz und Inneres (Bekämpfung von Kriminalität und Terror, Asyl- und Einwanderungsrecht) sowie eine Stärkung der Gemeinsamen Außen- und Sicherheitspolitik (GASP).

Von der Struktur her blieb es bei dem in Maastricht festgelegten Drei-Säulen-Modell: Die erste Säule umfasste den EG-Vertrag mit den erweiterten Bereichen (WWU, Sozialpolitik, Beschäftigung, berufliche Ausbildung etc.). Die zweite Säule betraf die GASP, ausgestattet mit einem Hohen Repräsentanten (Javier Solana) und der Übernahme der »Petersberg-Aufgaben« der WEU (die mit der EU verschmolzen wurde), welche neben friedensschaffenden Maßnahmen auch militärische Kampfeinsätze vorsehen. Die dritte Säule beinhaltet Justiz und Inneres. Ist die erste Säule weitgehend dem Grundsatz der Supranationalität verpflichtet, so sind zweite und dritte Säule fast immer noch dem Prinzip des Intergouvernementalismus verhaftet, das heißt hier handelt es sich fast ausschließlich um Regierungszusammenarbeit und nicht um vergemeinschaftete Politik.

Die im luxemburgischen Schengen unterzeichneten Abkommen (1985, 1990) über den freien Grenzverkehr in Europa und die Kontrolle der Außengrenzen wurden in den EU-Rahmen einbezogen und die gemeinsame Polizeibehörde (EuroPOL) in Den Haag mit zusätzlichen Befugnissen ausgestattet. Der Ortsname »Schengen« steht für ein grenzenloses Europa mit festen Außengrenzen.

Die bisher im »Sozialprotokoll« des Maastrichter Vertrages enthaltenen Regelungen über die EG-Sozialpolitik wurden durch Amsterdam vollständig in den EG-Vertragsrechtsbestand übernommen, womit die Basis für eine einheitliche europäische Sozialpolitik gegeben ist. In einem speziellen Protokoll war die Anwendung der Grundsätze der »Subsidiarität« geregelt worden.

Der Vertrag wies den Weg für die Erweiterung. Bereits am 12. Dezember 1997 leitete der ER in Luxemburg den Beitrittsprozess mit den mittel- und osteuropäischen (MOE)-Staaten und Zypern ein, der am 30. März 1998 zu Verhandlungen mit einer ersten Gruppe von Beitrittsbewerbern (Polen, Ungarn, Tschechien, Estland und Slowenien) führte. Der ER in Helsinki beschloss am 10. Dezember 1999, die Verhandlungen um eine zweite Gruppe (Bulgarien, Lettland, Litauen, Malta, Rumänien und die Slowakei) zu erweitern, die mit dem 15. Februar 2000 begonnen haben. Mit Blick auf die bevorstehende Erweiterung stellen die Ausführungen des Amsterdamer Vertrages über die »verstärkte Zusammenarbeit« (»Flexibilität«) ein Novum dar, das bemerkenswert ist: Dieses gilt für die intergouvernementale Kooperation wie für den supranationalen Politikbereich der Union und bezeichnet damit verschiedene Integrationsformen als gültig. Damit wird das »opting out«, welches bisher als »Sünde« galt, zu einer alternativen, ja zulässigen Option. Mit Blick auf die drohenden integrationspolitischen Verträglichkeitsprobleme bei der geplanten Erweiterung um die MOE-Staaten wird aus der Not der Ausnahmeregelungen jetzt eine Tugend gemacht. Die Aufnahme *aller* Beitrittsbewerber soll nun mit einem »big bang« realisiert werden, was in absehbarer Zeit aber eher unwahrscheinlich sein dürfte.

Während der deutschen Ratspräsidentschaft, am 1. Mai 1999, trat der Amsterdamer Vertrag in Kraft. Auf dem ER in Köln wurden im Juni 1999 weichenstellende Beschlüsse zur Stärkung der GASP sowie einer Gemeinsamen Europäischen Sicherheits- und Verteidigungspolitik (GESVP) gefasst, die Voraussetzungen für die Übernahme sicherheits- und verteidigungspolitischer Aufgaben durch die EU komplementär zur NATO schuf, was durch engere Kooperation von
S. 98 EU und WEU bewirkt werden soll. Die **sicherheitspolitische Agonie** blieb trotz partieller Stabilitätserfolge am Balkan in jüngerer Zeit bestehen, was im Zuge des 11. September 2001 deutlich wurde.

Vom französischen Ratspräsidenten Jacques Chirac als »historischer Gipfel« bezeichnet, fand in Nizza vom 6. bis 11. Dezember 2000 nach Monaten der Ungewissheit über den politischen Willen der Mitgliedstaaten zur EU-Institutionenreform die auch für die geplante EU-Osterweiterung entscheidende Regierungskonferenz statt. Vorausgegangen waren »EU 14-Sanktionen« gegen die österreichische Bundesregierung, die durch die vom Rechtspopulisten Jörg Haider angeführte FPÖ gemeinsam mit der konservativen ÖVP gebildet worden war. Nach siebenmonatiger Isolation empfahl ein »Weisenrat« die Aufhebung der Maßnahmen. Turbulenzen in den krisengeplagten deutsch-französischen Beziehungen und zwischen den gro-

Das Schengener Abkommen beinhaltet einen Abbau der Personenkontrollen an Binnengrenzen bei Verstärkung der Kontrollen an den Außengrenzen, eine gemeinsame Visa-, Aufenthalts- und Asylpolitik sowie polizeiliche Zusammenarbeit.

ßen und den kleinen Staaten kamen hinzu. Sie standen im Zentrum der Debatten im Vorfeld des Gipfels, der das gesetzliche Instrumentarium für eine Neustrukturierung der EU schaffen sollte. Es war keine Überraschung, dass man in Nizza mehr mit Feilschen um nationale Vorteile beschäftigt war, als Schritte zu konkreten und wirksamen erweiterungspolitischen Voraussetzungen zu unternehmen. Viele Fragen blieben offen. Die französische Konferenzleitung wurde zum Gegenstand der Kritik. Der erfahrene Luxemburger Ministerpräsident Jean-Claude Juncker argumentierte, dass »die Präsidentschaft mehr Teil des Problems als Teil der Lösung« gewesen sei. Die Mitgliedstaaten beklagten eine zu ehrgeizige Ratsführung und manchmal sogar einen aggressiven Verhandlungsstil, so dass die französische Präsidentschaft nicht die Aufgabe des Vermittelns erfüllte. Kommissionspräsident Romano Prodi und Michel Barnier, Kommissar für die Institutionenreform, charakterisierten die Stimmung in Nizza mit dem Motto »every man for himself«. Überlegt worden sei nicht, wie Entscheidungen herbeigeführt, sondern wie diese blockiert werden könnten. Das EP hob hervor, dass der »Kompromiss« von Nizza zahlreiche Vorschläge und Konzepte der Abgeordneten nicht berücksichtigt habe, während einige Mandatare für dessen Ablehnung eintraten. Da das am 26. Februar 2001 unterzeichnete Vertragswerk die institutionellen Voraussetzungen für die EU-Osterweiterung schaffen soll, tat sich das EP schwer, als Verhinderer dieses historischen Prozesses zu agieren. Nizza brachte einen neuen Vertrag hervor, der den Grundstein für Neuaufnahmen legen sollte. Zuletzt konnte eine größere Krise durch Auseinanderdriften der Staaten noch verhindert werden, indem das nationale Interesse zurückgestellt und Übereinstimmung erzielt wurde, dass zur fortgesetzten Integration keine Alternative existiert – vorausgesetzt die EU will eine geostrategische Macht mit einem stärkeren weltpolitischen Profil werden.

Eine integrationspolitische Stagnation konnte sich in Europa niemand leisten. Sie hätte ernste Konsequenzen für die geplante **Ein-**

Am 1. Januar 2002 wird Euroland Wirklichkeit – doch gehören der Euro-Zone noch nicht alle EU15 an.

Die Euro-Zone

Ihr Anteil am ...	Welt-BIP*	Welthandel	Bevölkerung**
Euro-Zone	16,2 %	18,9 %	303
USA	21,9 %	15,2 %	273
Japan	7,6 %	9,1 %	127

* Bruttoinlandsprodukt in Kaufkraftparitäten (1999)

** in Mio., Stand 2000

S. 100 **führung des Euro** und die GASP gehabt. Kritisiert wurden einmal mehr die Bürgerferne und die technokratische und komplizierte Unionsstruktur. Das kaum mehr zu durchschauende Gebilde versuchte sich schon seit längerer Zeit durch einprägsame Symbolik und klassische Musik zu vermitteln. Die seit 1986 vom Europarat übernommene blaue Fahne mit den zwölf kreisförmig angeordneten gelben Sternen und die »Ode an die Freude« aus Ludwig van Beethovens Neunter Symphonie als Hymne reichten aber zu einer stärkeren Identitätsbildung nicht aus. Europaschilder statt Zolltafeln an den Binnengrenzen, die Vereinheitlichung der Reisepässe und die Einführung des 9. Mai als »Europatag« sollen diese Defizite beheben helfen. Die Globalisierungsgegnerschaft der 90er Jahre wirkte jedoch auf die EU zurück. Massenproteste gehören inzwischen auch zu den Begleiterscheinungen von Gipfeln und Ratstagungen der Union wie zuletzt in Nizza, Göteborg oder Barcelona. Der neue Unionsvertrag trug zur Erhöhung der demokratischen Qualität der EU-Entscheidungsprozesse kaum bei. Das EP wurde jedoch in allen Fällen gestärkt, wo die Mitgliedstaaten im MR für qualifizierte Mehrheitsentscheidungen eintraten. Die Kommission konnte ihre Kompetenzen gegen die Großstaaten verteidigen. Die »verstärkte Zusammenarbeit« gewisser Mitgliedstaaten scheint sie nicht zu beeinträchtigen, doch muss sie das erst nach Inkrafttreten des Vertrags beweisen.

Der Euro und der »Konvent zur Zukunft der EU« 1999–2003

Seit Dezember 1999 hatte bereits eine Expertengruppe (»Konvent«) unter Vorsitz von Roman Herzog an einer Europäischen Grundrechtscharta gearbeitet – ein Vorhaben, das auf deutsche Initiative zurückgegangen war. Das Mandat dazu erteilte der ER in Köln am 3. und 4. Juni 1999. Der Konvent legte einen Entwurf für eine Charta vor, die feierlich am EU-Gipfel von Nizza am 7. Dezember 2001 verabschiedet wurde. Diese hatte aber lediglich den Status einer politischen Erklärung ohne gesetzliche Bindung. Mit Nizza hatte das Vertrauen in die Staats- und Regierungschefs zur EU-Reform bereits abgenommen. Chirac hatte vor dem »Risiko des Stillstands oder der Anarchie« gewarnt: »Die Visionäre sind schon müde.« Die Intergouvernementalisten – Verfechter von fortgesetzter Regierungszusammenarbeit in den EU-Kernbereichen – sahen sich bestätigt, die Supranationalisten – Anhänger der Vergemeinschaftung der Unionspolitik infolge weiterer befürworteter Kompetenzabgaben – auf der Verliererstraße. Das gemeinsame Ziel schien aus dem Blick geraten.

Der 1. Januar 2002 mit dem Umlauf der neuen Währung war nach Inkrafttreten der Römischen Verträge und des Binnenmarktes ein weiterer Markstein in der Geschichte der Wirtschaftsintegration.

Mit EWG und EURATOM war die westeuropäische Kernregion zu einer Zollunion mit gemeinsamer Außenhandelspolitik verbunden und mit den »Vier Freiheiten« (Personen-, Waren-, Dienstleistungs- und Kapitalverkehr) der schon in den 50er Jahren verkündete »Gemeinsame Markt« im Rahmen der EG Realität geworden, der so genannte »Binnenmarkt«, der auch als eine Reaktion auf die Herausforderung durch die Globalisierung der Märkte gedeutet werden kann. Mit Finalisierung der WWU wurde dem irreversibel erscheinenden Prozess die Krone aufgesetzt. Die politische Integration ließ aber weiter auf sich warten.

Der neu formierte »Konvent zur Zukunft der Europäischen Union«, der seinen offiziellen Auftrag am EU-Gipfel im belgischen Laeken im Dezember 2001 erhalten und am 28. Februar 2002 im EP in Brüssel zum ersten Mal getagt hatte, war eine Reaktion auf das mäßige Ergebnis von Nizza. Er soll bis 2003 Vorschläge zur künftigen Gestaltung der EU ausarbeiten. Der Fahrplan der Konventstätigkeiten las sich so: Bis Juli 2002 sollten ein bis zwei Plenarsitzungen pro Monat mit je eineinhalb Tagen Dauer abgehalten und in der ersten Hälfte 2003 ein Entwurf zur EU-Reform den Regierungen der EU-Mitglieder präsentiert werden. Gegen Ende 2003 soll eine Regierungskonferenz die Vorschläge des Konvents beraten. Im Laufe des Jahres 2004 sollen die Regierungen einen definitiven Beschluss fassen. 2005 soll der Ratifizierungsprozess in den Mitgliedstaaten anlaufen und 2006 sollen die Vertragsänderungen in Kraft treten. Die Konventsvorschläge sollen den Staats- und Regierungschefs als Grundlage für die Erneuerung des EU-Vertragswerks dienen, die für die Regierungskonferenz allerdings nicht bindend sind.

An den Kernfragen führt kein Weg vorbei: Wie soll die EU demokratischer, effizienter und bürgernäher werden? Die Zielsetzung besteht in einem verfassungsmäßigen Vertragswerk, welches das Institutionengefüge und die Machtverhältnisse der Union ändern soll. Viel wird von der Leitung des Konvents abhängen. Zum Präsidenten wurde der frühere französische Präsident Valéry Giscard d'Estaing, zu Vizepräsidenten der ehemalige belgische Premier Jean-Luc Dehaene und der ehemalige italienische Ministerpräsident Giuliano Amato bestellt. Der aus 105 Mitgliedern bestehende Konvent soll einen gemeinsamen Vorschlag erarbeiten, den die nationalen Regierungschefs nicht einfach ignorieren können. Es bleibt abzuwarten, wie weit die Reformimpulse hinsichtlich der Schaffung einer europäischen Verfassung, einer Änderung des Rotationsprinzips der EU-Präsidentschaften, einer besseren Verteilung und Abgrenzung der Zuständigkeiten in der EU und der klareren Kompetenzenklärung zwischen EU und Nationalstaaten, einer Vereinfachung der Instrumente der Union oder auch die Direktwahl des EU-Kommissionspräsidenten realisierbar sind.

Entwicklung und Zukunftsperspektiven der EU werden in den kommenden Jahren von Fragen ihrer Struktur, das heißt einem Verfassungsvertrag und der Erweiterung im Osten des Kontinents bestimmt. Erst wenn diese Vorhaben gelingen, werden die ökonomischen und politischen Folgen des Kalten Kriegs überwindbar sein. Die Aufnahme der mittel- und osteuropäischen Staaten würde einer

Zielsetzung entsprechen, die man als »paneuropäisch« bezeichnen könnte. Der Kreis (»Von Portugal bis Polen«) könnte sich, wenn es auch nicht zum 80. Jubiläum der Gründung der Paneuropa-Union (1922–2002) geschah, so doch in Zukunft schließen.

Vom Gelingen des Übergangs von Westeuropa nach Gesamteuropa hängen aber vor allem konsequente und erfolgreiche Reformen der EU-Institutionen ab, die zutiefst von der EWG und EG vorgeprägt sind. Dabei geht es nicht nur um die Verschiebung von Gewichten und Stimmen im MR und EP. Die allzu lange aufgeschobenen und dringend erforderlichen Strukturreformen müssen vor allem die Entscheidungsfähigkeit der EU gewährleisten, ja ihre Effektivität verbessern. Aber auch die Transparenz der Entscheidungen und die demokratische Legitimation der Union dürfen darunter nicht leiden. Solange die wichtigsten Entscheidungsfragen von der Zustimmung aller Mitglieder abhängig sind, ist eine Union der 23, 25 oder 27 Mitglieder von der Gefahr permanenter Paralyse bedroht. Mit diesen schwerwiegenden Problemen werden sich die europäischen Nationalstaaten beschäftigen, auseinandersetzen und hierzu auch Farbe bekennen müssen, wollen sie die EU zu einem *global player* machen.

VERTIEFUNGEN

Militarisierung und Teilung Europas nach 1945

Den Startschuss für eine breite Europa-Debatte gab Churchill mit seiner »Züricher Rede« 1946, in der er »Vereinigte Staaten von Europa« ohne Beteiligung Großbritanniens und auf Grundlage eines Zusammenschlusses von Deutschland und Frankreich anregte. Dazu sollte es zunächst aber nicht kommen: Der Brüsseler Pakt vom 17. März 1948, auch »Westunion« oder Fünf-Mächte-Vertrag (Großbritannien, Frankreich, Belgien, Niederlande, Luxemburg) genannt, knüpfte an den Bündnis- und Beistandsvertrag von Dünkirchen vom 4. März 1947 zwischen London und Paris an, der die Verhütung einer deutschen Aggression zum Ziel hatte. Der Schutz vor dem ehemaligen Kriegsgegner war angesichts der kommunistischen Machtübernahme in der ČSR im Februar 1948 aber nicht mehr der einzige Grund für den auf 50 Jahre unkündbaren Pakt. Dessen antideutsche Tendenz stellte ein Zugeständnis an Frankreich dar, das im Nachbarn das größte Risiko für seine Sicherheit erblickte. Die Brüsseler Pakt-Staaten wollten die USA für eine westliche Militärallianz gewinnen. Als gemeinsames Organ war ein Konsultativrat mit weitreichender Kooperation vorgesehen; es wurde jedoch nur eine Permanente Kommission auf Botschafterebene gebildet. Im Zuge der Westintegration der Bundesrepublik wurden die gegen sie gerichteten Vereinbarungen auf der Londoner Neunmächte-Konferenz 1954 gestrichen. Der Brüsseler Pakt wurde in die Westeuropäische Union (WEU) umgewandelt. Vorausgegangen war die Gründung der NATO, das am 4. April 1949 in Washington D.C. geschlossene Militärbündnis, welches gemeinsame militärische Verteidigung bei einem bewaffneten Angriff auf ein oder mehrere Mitglieder, allerdings ohne automatische Beistandspflicht (Art. 5), vorsah. Das Bündnis mit Sitz in Evere bei Brüssel entstand aufgrund kommunistischer Expansionsbestrebungen in Ostmittel- und Südosteuropa und sich verschärfender Bedrohungsszenarien des Kalten Kriegs. Die Sowjetunion zog erst am 14. Mai 1955 mit Gründung des Warschauer Paktes nach. Das geteilte und militarisierte Europa war damit definitiv zwischen die Fronten geraten.

Die Teilung Deutschlands bedeutete die Teilung Europas. Der Traum von gemeinsamen Institutionen wurde aber wenigstens für Westeuropa wahr; Handelsbarrieren konnten abgebaut, gemeinsame Politikbereiche geschaffen und eine einheitliche Währung aufgebaut werden. Mit der Außenzoll-Mauer der Europäischen Wirtschaftsgemeinschaft (EWG) erfolgte allerdings auch eine Separierung des westeuropäischen Wirtschaftsverkehrs. Durch die politische Spaltung in West- und Osteuropa vergrößerte sich der sozioökonomische Rückstand der mittel- und osteuropäischen Regionen und vertieften sich gesellschaftliche, politische und mentale Unterschiede. Mit Ende des Kalten Krieges stand die Europäische Gemeinschaft (EG) vor einer tiefen Kluft, die zwischen ihren wirtschaftspolitischen Erfolgen einerseits und den Auswirkungen der europäischen Desintegration andererseits lag. Statt den Reformstaaten eine reelle Aufhol- und Annäherungschance zu geben, wurde angesichts der wieder offenen deutschen Frage 1989/1990 die Vertiefung der Integration Westeuropas beschlossen und damit der Abstand zu den Reformstaaten noch vergrößert. Maastricht war eine Absage an Ost-Mitteleuropa. Das gesamteuropäische Haus drohte noch mehr auseinanderzufallen. Im Rückblick scheint 1989 eine Chance verpasst. Sind die politischen Prioritäten in Europa nach diesem Entscheidungsjahr falsch gesetzt worden? Der kerneuropäische Westen wurde politisch stärker fusioniert und ökonomisch vorangetrieben, dagegen kein neuer Marshall-Plan für Ost-Mitteleuropa entwickelt. Es wäre allerdings unfair, die EG-Hilfe für den Osten Europas unerwähnt zu lassen, die in vielfältiger Weise über »Partnerschafts- und Kooperationsabkommen«, Förderprogramme und Initiativen, Kredite und Bürgschaften erfolgte, so etwa über die Europäische Investitionsbank (EIB), aber auch über die Europäische Gemeinschaft für Kohle und Stahl (EGKS) durch Darlehensgewährungen und Investitionsförderungen. Ostmitteleuropa blieb jedoch, trotz des »Poland and Hungary Action for Restructuring of the Economy« (PHARE)-Programms weitgehend unsaniert und der Eiserne Vorhang zollpolitisch und grenzpolizeilich noch bestehen.

Die Rolle der USA

Die amerikanische Politik war trotz ihrer Integrationsförderung ambivalent. Die Marshall-Plan-Hilfe wurde mit Ostembargos verknüpft, die das handelspolitische Interesse Westeuropas empfindlich tangierten. Dieser Einfluss auf die Austauschbeziehungen zwischen West und Ost widersprach dem »European Recovery Program« (ERP), die Dollarlücke zu verringern – zumal vom Osten Lebensmittel und Rohstoffe hätten erhalten werden können, die so anderweitig bezogen und mit Dollars refundiert werden mussten. Das war der erste Testfall für die Selbständigkeit Westeuropas, der aufgrund seiner Abhängigkeit von den Wiederaufbauhilfen aber nicht erfolgreich bestanden werden konnte. Bis 1952/1953 erhielten die Empfängerstaaten Nahrungs- und Düngemittel im Wert von ca. 13 Milliarden Dollar: Roh- und Treibstoffe, Maschinen und Medikamente sowie Waren verschiedenster Art, zuletzt Rüstungsmaterial und Waffen.

Die Vergabe der US-Hilfe und die Erstellung von Bedarfslisten wurde durch die Organization of European Economic Cooperation (OEEC) und in den einzelnen Ländern durch diverse ERP-Agenturen koordiniert, die die Freigabe der »Gegenwertmittel« aus Erlösen der ERP-Mittel regelten, die der Reinvestition dienten. Der Marshall-Plan war für die deutschen Westzonen Hilfe zur Selbsthilfe, die Bundesrepublik Juniorpartner der USA und Nettogläubiger für die übrigen ERP-Teilnehmer im Rahmen der »Ziehungsrechte«. Diese bestanden in der Möglichkeit für Schuldner, in nationalen Währungen Wirtschaftshilfe im Ausmaße der Differenz der Handelsdefizite von den jeweiligen Überschussländern zu erhalten. Der Marshall-Plan versetzte die westdeutsche Wirtschaft in die Lage, aus eigener Kraft wieder aufzustehen und dabei zur ökonomischen Stabilisierung des westlichen Kontinents beizutragen. Dabei wurden die wirtschaftspolitischen Sünden der Vergangenheit (Abschottung der Märkte, Autarkiestreben, Protektionismus) vermieden und Grundlagen für einen freieren Handelsverkehr geschaffen. Das geschah mit der Charta von Havanna (General Agreement on Tariffs and Trade = GATT, Internationaler Währungsfonds = IWF und Weltbank). Die OEEC bewegte sich in diesem globalen Kontext. Geschaffen, um die Marshall-Plan-Hilfe in Westeuropa institutionell zu verankern, hatte sie nach Rekonstruktion der Volkswirtschaften, Überwindung des einseitigen zwischenstaatlichen Handels (Bilateralismus), weitgehendem Abbau der Zollschranken und der Konvertibilität der Währungen Ende der 50er Jahre ihre Aufgaben erfüllt.

Sektoriale Integration

Frankreich war 1950 mit neuen Initiativen gezwungen, seine auf politische Schwächung des westlichen Nachbarn abzielende Politik zu modifizieren, wollte es nicht in Konflikt mit der US-Deutschlandpolitik geraten. 1945/1946 gab es aufgrund massiver Furcht vor der »deutschen Gefahr« keine Grundlage für eine westeuropäische Einigung. Ministerpräsident (1947–1948) und Außenminister (1948–1953) Robert Schuman (1886–1963) schlug am 9. Mai 1950 vor, die gesamte französische und deutsche Kohle- und Stahlproduktion unter eine gemeinsame supranationale »Hohe Behörde« zu stellen. Solche Überlegungen reichten bis Mitte der 20er Jahre zum »Internationalen Stahlkartell« zurück. Entscheidend mitgewirkt an der Konzeption des Schuman-Plans hatte der Leiter des Amtes für wirtschaftliche

Planung, Jean Monnet (1888–1979). Die Bildung einer deutsch-französischen Wirtschaftsunion hatte Bundeskanzler Konrad Adenauer aber auch schon im März 1950 durch christdemokratische Vertrauensleute dem französischen Außenminister Georges Bidault vorgeschlagen. Das viel zitierte »Dreigestirn« der katholischen Staatsmänner Adenauer, De Gasperi und Schuman des im Zeichen des Ost-West-Konflikts oft beschworenen »Abendlandes« beförderte erfolgreich den europäischen Mythos vom »Schumanplan«. Tatsächlich sollte er das trotz Ruhrstatut nicht beruhigte französische Sicherheitsbedürfnis befriedigen, eine deutsche Vorherrschaft auf dem Kohle- und Stahlsektor verhindern, Frankreich eine führende Rolle in Westeuropa, aber auch weitgehende Unabhängigkeit von den USA sichern sowie der beabsichtigten Westintegration der Bundesrepublik via »Einigung Europas« eine wirtschaftliche Basis geben. Die Montanunion sollte die Kohleversorgung der französischen Stahlproduktion sicherstellen, das für die Deutschen so ungünstige Ruhrstatut ersetzen und das für militärische Zwecke so gefährliche deutsche Potential »europäisieren«, also besser einbinden und kontrollieren. Die Bundesrepublik verband damit Hoffnung auf Gleichberechtigung. Am 30. Juni 1950 nahmen Belgien, die Bundesrepublik, Italien, Luxemburg und die Niederlande Verhandlungen auf. Der für 50 Jahre gültige Vertrag der Europäischen Gemeinschaft für Kohle und Stahl (EGKS) wurde am 18. April 1951 in Paris unterzeichnet und trat am 25. Juli 1952 in Kraft. Die Montanunion sollte anderen Ländern zum Beitritt offen stehen und von einer gemeinsamen Hohen Behörde geleitet werden, die sich aus Persönlichkeiten zusammensetzte, die von den Regierungen gewählt wurden, aber unabhängig arbeiten, und die aufgrund der ihnen übertragenen Befugnisse im gemeinsamen Interesse für alle Mitgliedstaaten verbindliche Entscheidungen treffen konnten. Im Ministerrat (MR) waren die Regierungen der Mitgliedstaaten vertreten. Ein Gerichtshof entschied bei Streitfällen. Die Gemeinsame Versammlung (GV), Vorläuferin des Europäischen Parlaments (EP), blieb beratendes Organ ohne Gesetzgebungskompetenz. Erstmals waren Regierungen aber bereit, einen Teil ihrer Souveränität abzugeben. Die Montanunion blieb hinter den Erwartungen zurück, bildete aber den Auftakt für weitere supranational konzipierte europäische Gemeinschaften (Europäische Wirtschaftsgemeinschaft = EWG, Europäische Atomgemeinschaft = EURATOM und Europäische Gemeinschaft = EG).

Wenngleich die auf einzelne Wirtschaftssektoren limitierte Teilintegration nicht zukunftsweisend war und von der Montanunion keine nennenswerten Integrationsimpulse ausgingen, kamen im EGKS-Vertrag Überlegungen zum Ausdruck, die über die Ordnungspolitik der Organization of European Economic Cooperation (OEEC) hinausgingen und mit strengeren Wettbewerbsregeln und supranationaler Kontrolle von Mangelverhältnissen oder bei Überproduktion direkte Eingriffe auf europäischer Ebene gestatteten. Großbritannien lehnte derart weitgehende Verpflichtungen ab. Wirtschaftsminister Ludwig Erhard hatte starke Vorbehalte, während Adenauer zustimmte, nachdem die gleichberechtigte Stellung der Bundesrepublik zugesichert wurde. Die oppositionellen Gaullisten lehnten ab. Der Vertrag ging ihnen zu weit.

Die EGKS-Bilanz war bescheiden: Abgesehen von einer »geregelten« Kohleversorgung hatte sie die weitere wirtschaftliche Entwicklung in Europa nicht wesentlich beeinflusst. Als eine Kohleschwemme auftrat, zeigte sich, dass die Hohe Behörde den Vertrag nicht erfüllen konnte, weil ihre Autorität zu schwach war und sie sich nicht durchsetzen konnte. Der Schumanplan war psychologisch wichtig für die deutsch-französischen Beziehungen, integrationspolitisch wurde er aber überbewertet. Die ökonomische Entwicklung in Westeuropa bewegte sich in den 50er Jahren unter anderem im Rahmen des General Agreement on Tariffs and Trade (GATT), und der OEEC, die Pionierarbeit bei der Abschaffung der Kontingente und der Liberalisierung des Zahlungsverkehrs geleistet hatten.

Horizontale Integration

Die Gründung der Europäischen Wirtschaftsgemeinschaft (EWG) war eine politische Entscheidung. Die erneuten Initiativen von Paul Henri Spaak, den übrigen Benelux-Vertretern und Hans von der Groeben, Carl Ophuels, Walter Hallstein und anderen bundesdeutschen Integrationsexperten gründeten auf der Einsicht, dass die Europäische Gemeinschaft für Kohle und Stahl (EGKS) allein und isoliert nicht von fortbestehender Relevanz sein würde. Die erweiterte Kernintegration stand nicht nur im Zusammenhang mit dem sowjetischen Bedrohungspotential im Lichte der zweimaligen Niederschlagung des Ungarnaufstands im Oktober und November 1956, sondern war auch im Sinne einer Abwehrhaltung gegen fortgesetzte Versuche der Fremdbestimmung und vor dem Hintergrund erfolgreicher Behauptung gegen eigene nationalstaatliche Widerstände zu verstehen. Mit Geheimdiplomatie wurde Politik jenseits der Öffentlichkeiten gemacht. Seit Frühjahr 1956 zeichnete sich eine streng vertrauliche Rüstungsvereinbarung zwischen Frankreich und der Bundesrepublik ab, welche praktisch das ABC-Waffen-Verbot der Pariser Verträge unterlief und zu Ostern 1958 in ein trilaterales Kernwaffenproduktionsabkommen mit Italien mündete. Nach De Gaulles Machtübernahme wurde dieses Abkommen aber sistiert, weil der General eine »force de frappe nucléaire« für Frankreich allein wünschte. Die Suez-Krise im Herbst 1956 und die rüde Zurückweisung britisch-französischer Ansprüche durch die USA hatte bereits Folgen gezeitigt, die als Niederlage Großbritanniens (Rücktritt Anthony Edens) und Frankreichs empfunden worden waren und zur raschen deutsch-französischen Einigung Adenauers mit dem Sozialisten Guy Mollet führten, die den Weg nach Rom ebnete.

Bereits zur Zeit der Unterzeichnung der Römischen Verträge sah man die EWG nur als ersten Schritt zu weitergehender Integration, die *à la longue* zu einer politischen Gemeinschaft unter Aufgabe der währungspolitischen Souveränität führen sollte. Vor allem die Benelux-Staaten und Italien unterstützten diese Auffassung. In der Präambel des EWG-Vertrages ist festgehalten, über eine schrittweise wirtschaftliche Integration »die Grundlagen für einen immer engeren Zusammenschluss der europäischen Völker zu schaffen«. Die Römischen Verträge und ihr Zustandekommen waren das Werk einer verhältnismäßig kleinen Gruppe von Wirtschafts- und Verwaltungsfachleuten. Hauptverdienst hatten Paul Henri Spaak und seine Expertengruppe mit Hans von der Groeben, Etienne Hirsch, Max Kohnstamm, Robert Marjolin, Pierre Uri u. a. Mit den Verträgen wurde ein bereits vorgedachter und eingeleiteter Prozess fortgeführt, wobei die Fortsetzung weder selbstverständlich war, noch sich zwingend aus der bisherigen Entwicklung ergab, und auch nicht im Sinne der Erfüllung eines Gesamtentwurfs verlief. Es existierten sehr unterschiedliche Ansichten vom Verlauf der Integration, abweichende Vorstellungen über die Organisationsform und den Charakter der Institutionen. Hinzu kamen die teilweise einander widerstrebenden nationalen, aber auch innerstaatlichen Interessen.

Im Vorfeld der Unterzeichnung der Römischen Verträge gab es beispielsweise in der Bundesrepublik eine intensive Auseinandersetzung über die Frage der zukünftigen Gestaltung der europäischen Wirtschaftspolitik. Erhard war Anhänger eines weltweiten Freihandelssystems mit der Konvertibilität der Währungen. Für Europa schwebte ihm eine Freihandelszone mit Großbritannien ohne (supranationale) Institutionen vor, während Adenauer auf EGKS-Basis ein nicht nur wirtschaftlich, sondern auch politisch handlungsfähiges Europa um den Kern Frankreich – Deutschland aufbauen wollte, wozu spezifisch eigenständige Institutionen erforderlich waren. Der Bundeskanzler setzte seine politischen Vorstellungen durch.

Bei den Römischen Verträgen handelte es sich um ein neues supranationales Steuerungssystem mit eigenständigen Hoheitsrechten. Mit den Konferenzen von Messina (1. und 2. Juni 1955) und Venedig

(19. Mai 1956) wurde angeregt und festgelegt, die sektoriale durch horizontale Integration zu erweitern. Der »Gemeinsame Markt« war das Zauberwort. Der »große Sprung« von der Markt- zur Wirtschaftsintegration sollte jedoch nicht gelingen. Die Staaten waren nicht bereit, sich zu so weitreichenden Verfassungsänderungen der Europäischen Gemeinschaft (EG) und ihrer Länder durchzuringen. Eine Volksbewegung, die eine verfassungsgebende Versammlung hätte bewirken können, bestand nicht mehr. Die »Europäische Bewegung« hatte die Schwungkraft der 40er Jahre verloren, existierte zwar noch und forderte auch wiederholt eine »Europäische Regierung«, der Integrationsprozess war aber nicht von unten, sondern durch politische Entscheidungen von oben in Gang gesetzt worden. Das sollte seine entscheidende Schwäche bleiben.

Für sich genommen waren die Römischen Verträge, so Hans von der Groeben, eine »glückliche Kombination zwischen wirtschaftlichen und politischen Anliegen«. Sie sahen den General Agreement on Tarrifs and Trade (GATT)-Vorschriften gemäß eine Zollunion vor mit dem Abbau aller Handelshemmnisse und der Freizügigkeit der Produktionsfaktoren. Eine Wettbewerbsordnung sollte Verzerrungen und Verfälschungen von privater wie staatlicher Seite verhindern, und die marktwirtschaftliche Ordnung sollte durch Gemeinschaftsinstitutionen gesichert sein, die jedoch keine dirigistischen oder planwirtschaftlichen Funktionen besitzen sollten. Die Römischen Verträge sahen vor, dass die Zuständigkeiten für Wirtschafts- und Währungspolitik überwiegend bei den Mitgliedstaaten verbleiben sollten. Die angebliche Koordinierung von Wirtschaftspolitik bedeutete ihre weitgehende Autonomie mit Blick auf Art und Umfang der Maßnahmen. Der Ministerrat (MR) sah Einstimmigkeit vor, so dass jeder Staat in seiner Entscheidung frei blieb, ob er eine Maßnahme für zwingend hielt und wie diese gestaltet werden sollte. Auf dem Wege des Rechts und der Institutionen wurde ein europäischer Ordnungsrahmen für ein marktwirtschaftliches System geschaffen. Die

Eingriffsbefugnisse der Gemeinschaftsorgane (Gerichtshof und Kommission) waren begrenzt und bezogen sich nur auf konjunkturelle Situationen, die Landwirtschaft sowie auf den Verkehr und Bestimmungen der EGKS und der Europäischen Atomgemeinschaft (EURATOM). Die Mitglieder mussten sich bei ihrer Wirtschaftspolitik und speziellen Eingriffen an strenge Wettbewerbsvorschriften halten. Deutlich wurde hier, dass es sich nicht um bloße Zusammenarbeit, sondern einen organisierten Zusammenschluss handelte.

Scheitern der Europa-Armee

Während der 50er Jahre war Frankreich nicht bereit, eine unkontrollierte deutsche Wiederbewaffnung zu akzeptieren. Der nach Verteidigungsminister (1949–1950) und Ministerpräsident (1950–1951) René Pleven (1901–1993) benannte Pleven-Plan entstand auf das Drängen der USA auf einen Wehrbeitrag der Bundesrepublik und nach Ausbruch des Korea-Kriegs (1950–1953). Daneben spielte die Furcht vor der Sowjetunion eine große Rolle. Frankreich stand einer deutschen Wiederbewaffnung ablehnend gegenüber, musste aber reagieren. Pleven schlug mit Zustimmung der Nationalversammlung am 24. Oktober 1950 eine »Europa-Armee« vor. Die Einheiten sollten bis zur Ebene von 43 Divisionen national, höhere Formationen, das Kommando und die Versorgungsorganisation supranational zusammengesetzt sein; Ausbildung, Ausrüstung, Bewaffnung, Dienstzeiten und Militärstrafrecht sollten vereinheitlicht werden. Aus den Verhandlungen ging am 9. Mai 1952 der Entwurf der Europäischen Verteidigungsgemeinschaft (EVG) hervor. Am 27. Mai unterzeichneten die »Sechs« in Paris den Vertrag. Das Ergebnis konnte als Indikator für supranationale Lösungen gewertet werden. Während Frankreich einerseits die Bundesrepublik voll zu integrieren versuchte, sich aber andererseits gleichzeitig eher abseits hielt – was aufgrund wiederholter Vertragsrevisionen durch die Regierung Pierre Mendès-

France (1953 –1954) zum Ausdruck kam –, versuchten die Deutschen gegen diverse Benachteiligungen anzukämpfen. Das Projekt verstieß gegen das Nichtdiskriminierungsgebot. Eine integrierte Armee war ohne gemeinsame Außenpolitik nicht denkbar, weshalb die Gemeinsame Versammlung (GV) von den Außenministern der Europäischen Gemeinschaft für Kohle und Stahl (EGKS) den Auftrag erhielt, einen Vertragsentwurf für eine Europäische Politische Gemeinschaft (EPG) auszuarbeiten. Italiens Ministerpräsident (1945–1954) Alcide De Gasperi hatte sich für diese Konstruktion besonders stark gemacht. Als Zuständigkeitsbereiche waren Außenpolitik, Verteidigung, wirtschaftliche und soziale Integration sowie die Wahrung der Menschenrechte vorgesehen. Vorgeschlagen wurde die Schaffung einer föderalen Organisation, die innerhalb von zwei Jahren EGKS und EVG zusammenfassen sollte.

Die Europa-Armee wurde nach mehreren Vertragsänderungen von der französischen Nationalversammlung am 30. August 1954 von der Tagesordnung abgesetzt und damit auch die EPG zu Grabe getragen. Die Verhinderung einer nur auf europäische Strukturen ausgerichteten EVG führte zur Festschreibung der US-Militärpräsenz am westlichen Kontinent. Der Versuch, Europa militärisch und politisch zugleich zu errichten, scheiterte am französischen Widerstand. Mit der bundesdeutschen NATO-Mitgliedschaft entfiel »einer der Hauptgründe für eine beschleunigte politische Integration«, so Hans von der Groeben, »da nun das starke Bedürfnis der Bevölkerung nach Sicherheit und Selbstdarstellung, das mit den militärischen Fragen verbunden ist, nicht mehr für die politische Einigung Europas nutzbar gemacht werden konnte«. Die militärische Triebfeder war abhanden gekommen und mit der Europäischen Wirtschaftsgemeinschaft (EWG), der Organization of European Economic Cooperation (OEEC) und dem General Agreement on Tarrifs and Trade (GATT) vorerst ein zufriedenstellender wirtschafts- und handelspolitischer Rahmen gegeben.

Revolutionen in Mittel- und Osteuropa

Das Jahr 1989 stand im Zeichen dramatischer Umwälzungen. Am 2. Mai öffnete Ungarn die Grenzen zu Österreich. Fünf Tage später registrieren Bürgerrechtler massive Fälschungen bei Kommunalwahlen in der DDR. Massenartige Fluchtbewegungen aus dem »Arbeiter-und-Bauern-Staat« setzten ein. Am 4. Juni fanden halbfreie Parlamentswahlen in Polen statt. Am 13. Juni begannen Verhandlungen in Ungarn, die zu Verfassungsänderungen sowie zu einem Parteien- und Wahlgesetz führten. Am 6. November schlug das Zentralkomitee (ZK) der Polnischen Vereinigten Arbeiterpartei vor, die Begriffe »Diktatur des Proletariats« und »proletarischer Internationalismus« zu streichen und die parlamentarische Demokratie als Staatsform einzuführen. Am 9. November fiel die Berliner Mauer, zehn Tage später sprach sich das ZK der KPČ angesichts von Massendemonstrationen für den »Dialog« aus.

Im Osten und Südosten des Kontinents sind die kommunistischen Herrschaftssysteme in atemberaubender Rasanz alle nacheinander zusammengebrochen. Dass die Deutschen nicht den Anfang machten und erst den Polen und Ungarn folgten, war für die westliche Akzeptanz nicht unerheblich. Entscheidend für den Fall der Mauer sollte der 11. September 1989 sein, der Tag, an dem Ungarn seine Grenzen für Flüchtlinge aus der DDR geöffnet hatte. Die revolutionären Veränderungen in der DDR im Oktober und November hatten allerdings auch Schubkraft für die politischen Umwälzungen in der Tschechoslowakei und Rumänien im Dezember 1989. Zum Fiasko des »realexistierenden Sozialismus« hatte die im Zuge des Prozesses der Konferenz für Sicherheit und Zusammenarbeit in Europa (KSZE) entwickelte Entspannungspolitik der 70er Jahre mit der Entstehung von Bürgerrechtsgruppen wie der »Charta '77« (Václav Havel) in der ČSSR wesentlich beigetragen. Die Forderung nach Volkssouveränität war eines der zentralen Anliegen der Protestbewegungen. Sie manifestierte sich vorerst an »runden Tischen«, in kommunistischen Pseudoparlamenten oder semi-demokratisch legitimierten Vertretungen. Über diese transitorischen Artikulationsforen führte der Prozess zu pluralistischen Erscheinungen westlich-demokratischer Ausprägung. Dabei ergaben sich zwei Spannungsfelder: einerseits Diskrepanz zwischen politischer Veränderung und wirtschaftlicher Neugestaltung, andererseits das Dilemma zwischen rascher institutioneller Reform im staatlichen Bereich und zäher Demokratisierung des politischen Lebens.

Die rasch erfolgte Umgestaltung reichte nicht aus, um die mentalen Strukturen der postkommunistischen Gesellschaften zu überwinden, die Legitimation neuer Institutionen zu gewährleisten und die konstitutionelle Balance zu halten. Daraus resultierten Stabilisierungs-, Konsolidierungs- und Identitätskrisen bis zum heutigen Tag. In sehr kurzer Zeit (1989/1990) waren die neuen Staatsformen gezwungen, die über Jahrzehnte zurückreichenden Entwicklungen der westlichen Demokratien nachzuvollziehen. Das Ende der poststalinistischen Systeme stellte die europäische Integration vor völlig neue Herausforderungen. Es drohte der Zerfall der mittel- und südosteuropäischen Staatenordnung (ČSFR, Jugoslawien). Das Konfliktpotential der Nationalitäten und Sprachminderheiten wurde unüberschaubar. Die ehemaligen sowjetischen Satellitenstaaten drängten um Aufnahme in die Europäische Gemeinschaft (EG), was sich aber so schnell nicht realisieren ließ.

Die Umorganisation des ökonomischen Systems von einer Kommando- zur Marktwirtschaft war nicht nur mit enormen strukturellen Schwierigkeiten verbunden, sondern legte auch mentalitätsspezifische Probleme offen. Eng damit zusammen hing das Fehlen einer festgefügten Ordnung mit Tendenzen zum Separatismus und Nationalismus. Die ČSFR erlebte eine Sezession in Tschechien und der Slowakei. In Jugoslawien brach Bürgerkrieg aus, der zu »ethnischen Säuberungen« ungeahnten Ausmaßes führte. Die Sowjetunion hatte bereits 1991 ihr Leben ausgehaucht: Es folgte die Gemeinschaft Unabhängiger Staaten (GUS). 1999 sind Ungarn, Polen und Tschechien NATO-Mitglieder geworden. Nachdem bereits am 22. November 1991 »Europaabkommen« mit der EG abgeschlossen worden waren, lässt ihr EU-Beitritt aber noch auf sich warten. Wurde zwar 1989/1990 Wandel durch Repräsentation bewirkt, so ist »Repräsentation« als unbestrittenes Prinzip noch nicht gesichert, wie der demokratiepolitische Problemfall Slowakei und der Rechtspopulismus in Polen, Tschechien und Ungarn zeigten.

Balkan-Kriege

Mit der Charta der Konferenz für Sicherheit und Zusammenarbeit in Europa (KSZE) von Paris vom 21. November 1990 wurden Grundprinzipien einer modernen Friedensordnung auf europäischer Ebene festgelegt. Die Politik setzte sie jedoch nicht konsequent in die Praxis und in entsprechend wirksame Institutionen um: Die Organisation für Sicherheit und Zusammenarbeit in Europa (OSZE) fristete nur ein Schattendasein. Im Jugoslawien-Konflikt wurde die Hilflosigkeit Europas deutlich: Vertreibungen und Massenmord ereigneten sich vor der Haustüre der EU.

Die Vorstellung von einem Jugoslawien als Zusammenschluss aller südslawischen Völker hatte ihren Ursprung vor allem in Kroatien und Dalmatien des 19. Jahrhunderts; am Ende des Ersten Weltkriegs schien ihre Realisierung möglich. Am 1. Dezember 1918 entstand das »Königreich der Serben, Kroaten und Slowenen«, der »SHS«-Staat, unter dem serbischen König Alexander I. Die Serben dominierten, Armee und Verwaltung lagen in ihrer Hand. Mit politischen Morden 1929 setzte die Spirale von Gewalt und Gegengewalt ein, bis Hitlers Einmarsch 1941 folgte. Das politisch zerrissene Land kapitulierte schnell. Mit seiner 1943 gegründeten Volksbefreiungsarmee schuf Partisanenführer Tito den erzwungenen Einheitsstaat Jugoslawien aufs Neue. Unter Slobodan Miloševič, seit 1987 Vorsitzender der Kommunistischen, dann Sozialistischen Partei und Präsident Serbiens (1989–2000), setzten »ethnische Säuberungen« des Landes von »Nicht-Serben« ein. Die Teilrepubliken Slowenien und Kroatien erklärten 1991 ihre Selbständigkeit, worauf der Konflikt militärisch eskalierte. Mitten in Europa gehörten Völkermord, Internierungslager, Massenvergewaltigungen und Empfängniserzwingung zur Tagesordnung.

Am 11. Juli 1995 exekutierten serbische Einheiten in Srebrenica, in einem Tal im Nordosten Bosniens, mehr als 7000 Muslime, nachdem sie sie von ihren Frauen und Kindern getrennt hatten. Das schlimmste Kriegsverbrechen in Europa seit 1945 wurde durch die komplizenhafte Untätigkeit der internationalen Staatengemeinschaft begünstigt. Rund 400 anwesende holländische UN-Soldaten griffen nicht ein, die Weltorganisation brach ihr 1993 ausgerufenes Versprechen zur Gewährung einer Schutzzone für die bedrängten Muslime und die EU war einmal mehr ohnmächtig. Ein umfassender Untersuchungsbericht wies die Fehleinschätzungen, die Arroganz und das Scheitern der niederländischen UNO-Truppe nach und führte zum Rücktritt der Regierung Wim Kok im April 2002. Srebrenica wurde zu einem innenpolitischen Skandal für die Niederlande. Zudem war es längst zum Symbol und Trauma europäischer Sprach- und Tatenlosigkeit geworden.

Mit dem – ohne UNO-Mandat – durchgeführten NATO-Angriffskrieg gegen »Rest-Jugoslawien« wegen des Kosovo-Konflikts fand die Entwicklung im Jahre 1999 einen Höhepunkt. Die Europäische Union (EU) besaß zwar wirtschaftlichen Einfluss, hatte aber politisch keine Autorität, wie die gescheiterte Friedensmission deutlich machte. Die Situation am Balkan war Ausdruck des Versagens der europäischen Außenpolitik. Die EG war seit ihrem Entschluss vom 28. Juni 1991 durch Entsendung der Außenminister Luxemburgs, der Niederlande und Italiens von Konfliktschlichtung und Erhaltung der Integrität Jugoslawiens ausgegangen. Ähnlich reagierte sie beim Putsch gegen Michail Gorbatschow in Moskau am 19. August 1991 und in der baltischen Frage. Das Ziel, die traditionellen Staatseinheiten zu erhalten, überwog bei der Brüsseler Bürokratie das Verlangen nach Selbstbestimmungsrecht und Respektierung der Rechte von Minderheiten. Solange diese nicht existentiell bedroht waren, dominierte das Prinzip der Staatsintegrität. Jene EG-Staaten traten für die Erhaltung Jugoslawiens ein, die eigene Minderheitenprobleme nicht problematisieren wollten. Die Ohnmacht der EG in der Jugoslawien-Krise wurde auch auf wirtschaftspolitischem Gebiet deutlich, als Griechenland ein Ölembargo und Handelssanktionen gegen Serbien verhinderte. Dieses Dilemma kam den USA nicht ungelegen. Sie zeigten wenig Bereitschaft, den Europäern eine eigene »Sicherheitsidentität« zuzugestehen, die zu einer Verdoppelung der Militärstrukturen und langfristig möglicherweise zur Konkurrenz der NATO geführt hätte. Demgegenüber standen Konzepte von Kohl und Mitterrand, die Westeuropäische Union (WEU) an die Seite der EG zu stellen und im Rahmen der geplanten EU zum Zentrum einer neuen europäischen Verteidigungsgemeinschaft zu machen – was wieder auf Ablehnung Londons stieß. Die Aufstellung eines deutsch-französischen Armeekorps schien diesen Absichten Nachdruck zu verleihen. Angesichts der Globalisierung der Konfliktherde und ihrer Verhütung blieben EG und EU aber auf das atlantische Bündnis und die Partnerschaft mit der stärksten Weltmacht angewiesen.

Vertiefung der EG

In Maastricht wurde am 7. Februar 1992 zweifelos ein historischer Vertrag unterzeichnet. Die in ihm konzipierte Union sollte die bisherigen EG-Verträge umrahmen und verknüpfen. Verträge der Europäischen Gemeinschaft für Kohle und Stahl (EGKS), der Europäischen Wirtschaftsgemeinschaft (EWG) und der Europäischen Atomgemeinschaft (EURATOM) wurden novelliert, neue Bestimmungen über die Gemeinsame Außen- und Sicherheitspolitik (GASP), die die Europäische Politische Zusammenarbeit (EPZ) ablösen sollte, und die Zusammenarbeit in den Bereichen Justiz und Inneres (Asylpolitik, Einwanderungs- und Ausländerpolitik, Drogenbekämpfung, System EUROPOL) verabschiedet. Hinzu kamen noch das Subsidiaritätsprinzip, die Unionsbürgerschaft, die Einführung der WWU in drei Stufen, ein neues Mitentscheidungsverfahren des EP und der Ausschuss der Regionen (AdR). An der Einstimmigkeit des Ministerrats (MR) sollte sich nichts ändern, wie auch die relative Inkompetenz und Machtlosigkeit des Europäischen Parlaments (EP) weitgehend beibehalten wurde. Das vielzitierte »Europa der Regionen« erfuhr im beratenden AdR nur eine schwache Profilierung.

Um die Ratifikation des Vertrags setzte eine mit der Europäischen Verteidigungsgemeinschaft (EVG) der 50er Jahre vergleichbare heftige Diskussion ein: Die Gegner argumentierten, dass die Grenze des Zumutbaren erreicht, der Weg einer nachvollziehbaren Politik verlassen worden sei und die forcierte Integration von oben zu neuem Nationalismus führe. Anstatt eines offenen liberalen Systems, welches den Wettbewerb fördere, verfestige sich eine Bürokratie des Zentralismus, Protektionismus und Interventionismus. Mit Maastricht wurde »die Festung Westeuropa« assoziiert: Statt die mittel- und osteuropäischen Staaten vom offenen Markt profitieren zu lassen, seien Zugänge versperrt und die Zollmauern erhöht worden. Die Befürworter hielten dem entgegen, dass in der Konzentration auf die Vertiefung der Europäischen Gemeinschaft (EG) keine Verweigerung von Hilfe zu sehen sei. Ein starker Westen sei die beste Voraussetzung für die Unterstützung des Ostens. In der Sachpolitik befürchteten die Maastricht-Gegner in der Umwelt-, Sozial- und Währungspolitik eine Nivellierung nach unten. Sie bezweifelten, dass ein »Europa der Bürger« geschaffen würde, und argumentierten, dass sich das Europa der Lobbies verfestige: 72% der Gemeinschaftskosten entfie-

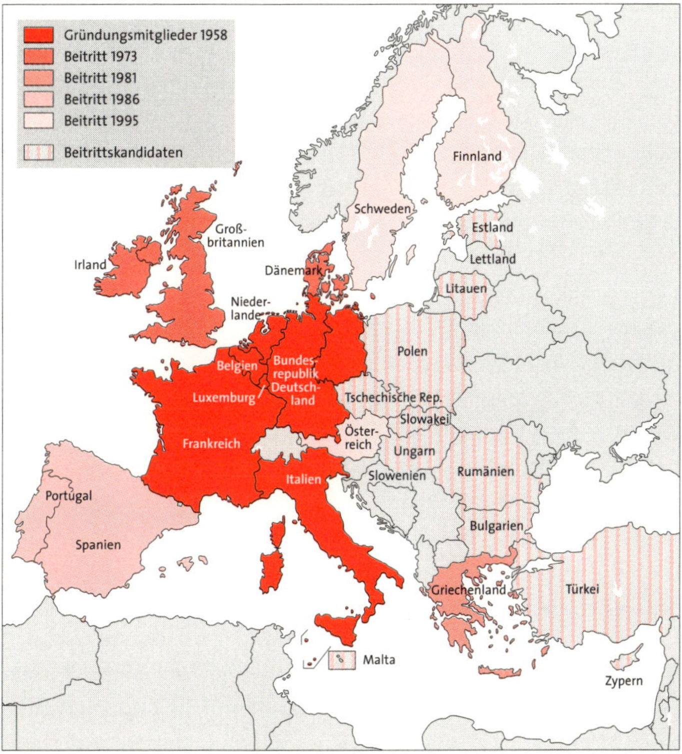

Die Erweiterungen der Union: Von der EG zur EU

len 1995 auf Interessengruppen. Diese seien die eigentlichen Profiteure der EU, nicht die Bürger; der Großteil der Regulierungen diene nur dem Ziel, den Interessengruppen Privilegien zu verschaffen, den Wettbewerb zu schwächen und dem Verbraucher zu schaden.

Das negative Resultat des Maastricht-Referendums in Dänemark vom Juni 1992 löste in Brüssel einen Schock aus. Obgleich die Ablehnung mit 50,7% denkbar knapp ausfiel, war sie symptomatisch für die zwiespältige öffentliche Meinung zur EU, wie sie im September

1992 auch in Frankreich der knappe positive Ausgang (51,05%) zum Ausdruck brachte. Inzwischen hatten die Iren im Juni befürwortend votiert und die EG-Außenminister zwei Wochen vorher beschlossen, das Maastrichter Unionspaket nicht aufzuschnüren und notfalls auch ohne Dänemark das Vertragswerk zu ratifizieren. Schließlich wurde mit Kopenhagen noch nachverhandelt und am Europäischen Rat (ER) in Edinburgh am 11. und 12. Dezember 1992 Ausnahmeregelungen zugestanden, was im Mai 1993 ein positives dänisches Referendum (56,8%) brachte. Großbritannien schloss sich von den Vereinbarungen zur Sozialpolitik aus. Die Diskussion um die Ratifizierung von Maastricht löste eine Krise des Europagedankens aus.

Die Befürchtung, dass mit der EU als politischem Zweckverband zur ökonomischen Interessensicherung weder europäischer Bürgersinn und Patriotismus noch supranationaler Solidarwillen zu erzielen sei, war nicht von der Hand zu weisen. Die verstärkte Westbindung des geeinten Deutschlands im Zuge von Maastricht hatte desintegrative Effekte mit Blick auf die mittel- und osteuropäischen Staaten (MOE), deren Anbindung an den Einigungsprozess sich durch die Vertiefungsziele verzögern sollte. Mit der Osterweiterung machten sich mehr und mehr Sorgen bei den EU-Mitgliedern breit, vor allem darüber, wie die Subventionserwartungen der Beitrittskandidaten zu erfüllen seien. Der Um- und Abbau der sozial- und wohlfahrtsstaatlichen Strukturen in Westeuropa war für die Sanierung der Staatshaushalte im Zeichen der Erfüllung der Konvergenzkriterien von Maastricht notwendig, aber auch um die EU erweiterungsfähig zu halten.

Sicherheitspolitische Agonie

Im Zuge des Jugoslawien- (1991–1996) und des Kosovokrieges (1999) wurde es bereits erkennbar, im Kontext des US-(anglo-)amerikanischen Kreuzzugs »infinite justice« gegen das Taliban-Regime in Afghanistan offenkundig: Die EU hat in den 90er Jahren versäumt, zur sicherheitspolitischen Ordnungsmacht in Europa zu werden, weil sie nicht fähig war, gemeinsame Lagebeurteilungen zu treffen und sich auf ein geschlossenes Handeln zu verständigen.

Mit Beginn des neuen Jahrtausends wurde die sicherheitspolitische Marginalisierung Europas am Beispiel der Bekämpfung des Terrorismus überdeutlich: Die USA, China, Großbritannien und Russland schlossen sich zu einer Allianz zusammen, die Kontinental-Europäer wollten zwar keinen Verdacht an ihrer »uneingeschränkten Solidarität« aufkommen lassen, an ihrer militärischen Inhomogenität und Unentschlossenheit konnte jedoch kein Zweifel sein – sonst hätten die USA sich wohl nicht entschieden, ohne den NATO-Verbund zu handeln. Der 1999 geschaffene, von Javier Solana bekleidete Posten eines Hohen Beauftragten der Gemeinsamen Außen- und Sicherheitspolitik (GASP), der für Außenpolitik zuständige EU-Kommissar Chris Patten und die seit Nizza so genannte Gemeinsame Europäische Sicherheits- und Verteidigungspolitik sind wenig überzeugende Neuerungen. Der »Mr. GASP« wurde nicht der Kommission zugeordnet, sondern dem Ministerrat (MR) angegliedert, so dass Solana permanent vom Willen der 15 Regierungen abhängt. Eine Verschmelzung seiner Position mit der von Patten wurde zwar gefordert, erscheint angesichts nationalstaatlicher Resistenz allerdings wenig aussichtsreich.

Die NATO bleibt trotz US-Unilateralismus ernst zu nehmen. Die USA gehören ihr weiter an. Die Beziehungen zu Russland intensivierten sich zuletzt auf sicherheitspolitischem Sektor. Europa droht vor diesem Hintergrund weitere Marginalisierung. Solana wiederum ist nur Vertreter der EU, die zwar wirtschaftliche Macht, aber praktisch kaum politische, geschweige denn militärische Potenz hat. Die Gestaltung einer gemeinsamen Außenpolitik ist unter 15 Staaten mit divergierenden Interessen äußerst schwierig. In Konfliktfragen ist NATO-Vermittlern weitaus mehr Aussicht auf Erfolg beschieden als solchen der EU. Die Dominanz des atlantischen Bündnisses scheint sich in der europäischen Sicherheitspolitik weiter zu behaupten.

Die Einführung des Euro

Die monetären Verhältnisse Europas waren um die Jahrtausendwende von substantiellen Veränderungen gekennzeichnet: die Maßnahmen zur Einführung des Euro. Intensiv wurde in den 90er Jahren im Rahmen des Delors-Ausschusses an diesem Projekt gearbeitet. Das in Frankfurt beheimatete Europäische Währungsinstitut (EWI) hatte institutionell den Ausschuss der Präsidenten der nationalen Notenbanken abgelöst, blieb aber mit den Zentralbanken der Länder eng verflochten. Damit wurde auch der Wechsel von der künstlichen Korbwährung (ECU) zur echten Einheitswährung (Euro) eingeleitet. Mit Blick auf die Wirtschafts- und Währungsunion (WWU) nahm die Deutsche Bundesbank eine wichtige, weil gestaltende Rolle ein, wobei es zahlreiche Widerstände zu überwinden galt. Die britische Vorstellung tendierte zur Auffassung, wirtschaftliche Integration auch ohne Währungsvereinheitlichung voranbringen zu können.

Mit der Euro-Einführung ging für die Anhänger der Integration ein Traum in Erfüllung, den europäischen Staaten hingegen ein symbolträchtiges Instrument der Herrschaftslegitimation verloren. Die Euro-Einführung ließ Zollunion und Binnenmarkt für die Bürger greifbarer werden. Während der weit vorangeschrittene Rechtsraum mit dem supranationalen Europäischen Gerichtshof (EuGH) kaum wahrgenommen wird, ist der Euro nun in jedermanns Händen.

Ab dem 1. Januar 2002 wurde der Euro als Barzahlungsmittel verwendet. Nach zweimonatigem Parallelumlauf bis Ende Februar 2002 gehörte das Nebeneinander der verschiedenen nationalen Währungen der Vergangenheit an. Fast drei Jahre nach offiziellem Beginn, die durch die unwiderrufliche Fixierung der Umrechnungskurse der partizipierenden Währungen gekennzeichnet waren, funktionierte

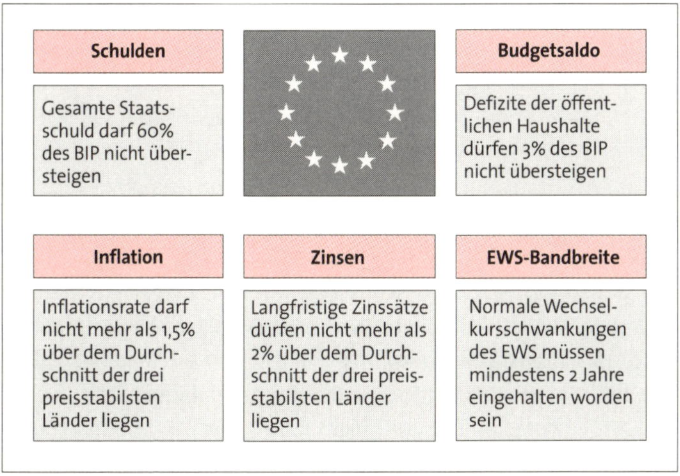

Die Konvergenzkriterien für die Einführung der 3. Stufe der Wirtschafts- und Währungsunion

der Start gut. Die Menschen akzeptierten die neue Währung ohne größere Widerstände.

Das von der Bundesrepublik 1989/1990 hergestellte Junktim zwischen der Schaffung einer WWU und Fortschritten bei der Politischen Union wurde von Frankreich allerdings abgelehnt. Dafür setzte sich die Bundesrepublik im Konflikt vergangener Jahrzehnte zwischen Ökonomisten und Monetaristen schließlich durch. Erstere wollten unter dem Anpassungsdruck des Binnenmarkts eine weitgehende gemeinsame Ausrichtung und Angleichung der nationalen Wirtschaftssysteme mit einer gemeinsamen Währung erfolgreich finalisieren (Krönungstheorie), während Frankreich wie auch Delors auf die Sogwirkung einer einheitlichen Währung setzten und ihre entsprechend frühere Einführung forderten (Lokomotivtheorie). Helmut Kohl stimmte dem vorzeitigen Verzicht auf die D-Mark jedoch nicht zu. Die Konvergenzkriterien, die unter Anerkennung des Stabilitätsprimats den Mitgliedstaaten eine strikte binnenwirtschaftliche und geldpolitische Disziplin auferlegten, führten zur Behauptung des deutschen Strategieansatzes. Er war von Erfolg gekrönt. Am Europäischen Rat (ER) in Dublin im Dezember 1996 konnte der Beginn der WWU mit 1. Januar 1999 festgelegt werden. Die Staats- und Regierungschefs der EU erklärten am ER in Brüssel im Mai 1998 einstimmig, dass elf Mitglieder (Belgien, Deutschland, Spanien, Frankreich, Irland, Italien, Luxemburg, die Niederlande, Österreich, Portugal und Finnland) die erforderlichen Voraussetzungen (Preisstabilität, stabile Finanzlage der öffentlichen Hand, Wechselkursstabilität, langfristige Kapitalmarktzinssätze dürfen nicht höher als 2%-Punkte über dem Durchschnitt der drei preisstabilsten Mitgliedstaaten liegen) für die Einführung der Einheitswährung ab 1999 erfüllen würden. Die Europäische Zentralbank (EZB) in Frankfurt löste am 1. Juni 1998 das EWI ab und leitete das am 30. Juni 1998 gegründete Europäische System der Zentralbanken (ESZB). Es verabschiedete Richtlinien für einen neuen Wechselkursmechanismus zwischen Euro und den Währungen, die noch nicht dem einheitlichen Währungsgebiet angehörten. Am 31. Dezember 1998 wurden die Euro-Wechselkurse festgelegt.

Im Juni 2000 stimmten die EU-Regierungschefs der Aufnahme Griechenlands in das »Euroland« zu. Die dänische Bevölkerung votierte in einer Volksabstimmung gegen den Euro, ebenso verweigerten sich Schweden und Großbritannien der »Eurozone«. Dänische und schwedische Kronen sowie das britische Pfund bleiben weiterhin gültig. Die Euro-Banknotenserie, die im Dezember 1996 vom EWI unter verschiedenen Design-Entwürfen ausgewählt worden war, wurde von dem Österreicher Robert Kalina konzipiert, der sich mit seinem Vorschlag »Fenster, Tore und Brücken« behauptete. Im Unterschied zu den Euro-Münzen, die eine nationale Seite haben, waren Sonderwünsche der EU-Mitglieder für Gestaltung des Papiergeldes ausgeschlossen.

EUROPA NACH 1945: EINE CHRONOLOGIE

8./9.5.1945	Kapitulation der Deutschen Wehrmacht in Reims und Berlin-Karlshorst
19.9.1946	Züricher Rede von Churchill: Schaffung der Vereinigten Staaten von Europa und eines Europarates
4.3.1947	Vertrag von Dünkirchen zwischen Großbritannien und Frankreich gegen etwaige deutsche kriegerische Absichten, Vorläufer des Brüsseler Vertrages (1948)
5.6.1947	Ankündigung eines europäischen Wiederaufbauprogramms durch US-Staatssekretär George C. Marshall an der Harvard University
16.7.1947	Konstituierung des Committee of European Economic Cooperation (CEEC)
22.9.1947	Maßnahmenkatalog des CEEC zur wirtschaftlichen Kooperation in Europa als Antwort auf die Rede Marshalls vom 5.6.
30.10.1947	Unterzeichnung des GATT-Abkommens (General Agreement on Tariffs and Trade) von 23 Staaten in Genf (Beseitigung von »Vorzugszöllen«; Zollsenkung für gewerbliche Waren auf 19 %)
17.3.1948	Brüsseler Vertrag (GB, F, Benelux): militärische, wirtschaftliche, soziale und kulturelle Zusammenarbeit
16.4.1948	Gründung der OEEC (Organization of European Economic Cooperation, Vorläufer war das im Juli 1947 gegründete CEEC, Komitee für die wirtschaftliche Zusammenarbeit Europas) durch 16 europäische Länder: Koordinierung des ERP (European Recovery Program); Abbau der Handelsschranken und Devisenkontrollen

8.–10.5.1948	Haager Kongress der Europaverbände
25.1.1949	Abkommen zur Bildung eines Council of Mutual Economic Assistance (COMECON); dt.: Rat für Gegenseitige Wirtschaftshilfe (RGW) in Moskau (SU, Alb, Bul, SBZ/DDR, Mongol. VR, P, Ru, ČSSR, Hu und Kuba)
4.4.1949	Unterzeichnung des NATO-Abkommens in Washington, ab 24.8.1949 in Kraft
5.5.1949	Londoner Abkommen zur Gründung des Europarates, ab 3.8.1949 in Kraft
9.5.1950	Robert Schuman schlägt die Vergemeinschaftung der westeuropäischen Kohle- und Stahlerzeugung vor
25.6.1950	Beginn des Koreakrieges
18.8.1950	Der OEEC-Rat beschließt ein Liberalisierungsprogramm; bis 1955 erfolgt eine 90%ige Liberalisierung des innereuropäischen Handels mit Industriewaren (Befreiung von Exportrestriktionen)
19.9.1950	Gründung der Europäischen Zahlungsunion (EZU) als Unterorganisation der OEEC, rückwirkend mit 1.7.1950, die unter den OEEC-Staaten einen multilateralen Zahlungsausgleich (»Clearing«, langfristiges Ziel: »Konvertibilität«) herbeiführt
24.10.1950	Der französische Ministerpräsident René Pleven schlägt die Bildung einer europäischen Armee vor
4.11.1950	Unterzeichnung der Europäischen Menschenrechtskonvention (EMRK) in Rom
18.4.1951	Unterzeichnung des Vertrages zur Bildung der Europäischen Gemeinschaft für Kohle und Stahl (EGKS) bzw. Montanunion (Benelux, BRD, F, I) in Paris, der auf 50 Jahre begrenzt ist
27.5.1952	Unterzeichnung des Vertrages zur Europäischen Verteidigungsgemeinschaft (EVG) (Benelux, BRD, F, I)
23.7.1952	EGKS-Vertrag tritt in Kraft

10. 3. 1953	Entwurf der EVG-Versammlung zur Schaffung einer Europäischen Politischen Gemeinschaft (EPG)
27. 7. 1953	Waffenstillstand in Korea
30. 8. 1954	Französische Nationalversammlung setzt EVG von der Tagesordnung ab: das Projekt ist gescheitert
23. 10. 1954	Gründung der Westeuropäischen Union (WEU): Italien und die BR Deutschland treten dem Brüsseler Pakt bei
23. 10. 1954	Unterzeichnung der Pariser Verträge: Beitritt der BRD zur NATO nach Scheitern der EVG
24. 3. 1955	BRD erteilt den Pariser Verträgen ihre Zustimmung
15. 5. 1955	Unterzeichnung des österreichischen Staatsvertrages (Ö, USA, SU, GB, F), tritt am 27. 7. 1955 in Kraft
20. 5. 1955	Benelux-Memorandum zur Schaffung eines »Gemeinsamen Marktes«
1.–2. 6. 1955	Außenministerkonferenz der EGKS-Staaten in Messina
21. 4. 1956	Spaak-Bericht über die Schaffung eines »Gemeinsamen Marktes« (Grundlage für Verhandlungen zur Gründung der Europäischen Wirtschaftsgemeinschaft = EWG)
19. 5. 1956	EGKS-Außenministerkonferenz in Venedig beschließt die Aufnahme von Verhandlungen mit dem Ziel der Gründung der EWG und EURATOM
25. 3. 1957	Unterzeichnung der Verträge zur Gründung der Europäischen Wirtschafts- und Atomgemeinschaft in Rom (EWG, EURATOM: Benelux, BRD, F, It) mit unbegrenzter Laufzeit (Römische Verträge)
1. 1. 1958	Inkrafttreten des EWG- und EURATOM-Vertrages
4. 1. 1960	Unterzeichnung der Stockholmer Konvention zur Errichtung der EFTA (GB, DK, NOR, Ö, POR, SW, SUI)
3. 5. 1960	EFTA-Vertrag tritt in Kraft

14. 12. 1960	Unterzeichnung der Konvention von Paris zur Schaffung der OECD als Nachfolgerin der OEEC
1. 1. 1961	Teilangleichung der nationalen Zollsätze der EWG
10. 2. 1961	Staats- und Regierungschefs der EWG-Staaten beschließen engere wirtschaftliche und politische Zusammenarbeit
31. 7. 1961	Irland stellt einen Antrag auf Beitritt zur EWG
9. 8. 1961	Großbritannien stellt einen EWG-Beitrittsantrag
10. 8. 1961	Dänemark stellt einen EWG-Beitrittsantrag
15. 12. 1961	Österreich, Schweden und die Schweiz überreichen Anträge auf Assoziierung mit der EWG
17. 4. 1962	Verhandlungen über die Europäische Politische Union werden abgebrochen, weil kein Konsens über die Vorschläge des Fouchet-Ausschusses möglich ist
30. 4. 1962	Norwegen stellt einen EWG-Beitrittsantrag
14. 1. 1963	Staatspräsident Charles De Gaulle legt sein Veto zum britischen EWG-Beitritt ein
22. 1. 1963	Unterzeichnung des bundesdeutsch-französischen Vertrages in Paris (»Elysée-Vertrag«)
29. 1. 1963	Abbruch der Beitrittsverhandlungen der EWG mit Großbritannien
20. 7. 1963	Unterzeichnung eines Assoziierungsabkommens der EG mit 17 afrikanischen Staaten und Madagaskar in Jaunde
8. 4. 1965	Vertragsunterzeichnung über die Fusion der Exekutivorgane der drei Europäischen Gemeinschaften (EGKS, EWG, EAG)
30. 6. 1965	Verhandlungen über Finanzierung einer gemeinsamen Agrarpolitik scheitern; Frankreich betreibt eine »Politik des leeren Stuhles«
29. 1. 1966	»Luxemburger Kompromiss«: De-facto-Verzicht auf den Übergang zu Mehrheitsentscheidungen

10. 5. 1967	Zweiter EG-Beitrittsantrag Großbritanniens, ebenso Irland und Dänemark (11. 5.)
1. 7. 1967	Fusionsabkommen vom 8. 4. 1965 tritt in Kraft; Jean Rey avanciert zum Präsidenten der EG-Komission
1. 7. 1968	Verwirklichung der Zollunion vor dem vorgesehenen Termin (31. 12. 1969) und Einführung eines gemeinsamen Außenzolls
1./2. 12. 1969	Staats- und Regierungschefs der EG treffen sich in Den Haag und beschließen forcierte Integration, stufenweise Einführung der Wirtschafts- und Währungsunion (WWU) bis 1980 und politische Zusammenarbeit; Beschluss zur Aufnahme von Beitrittsverhandlungen mit Dänemark, Großbritannien, Irland und Norwegen
1. 1. 1970	Außenhandelskompetenzen gehen von den Mitgliedstaaten auf die EG über
30. 6. 1970	Die zweite Verhandlungsrunde über die Beitritte von Dänemark, Großbritannien, Irland und Norwegen wird in Luxemburg eröffnet
8. 10. 1970	Werner-Plan über stufenweise Realisierung der WWU
27. 10. 1970	Luxemburger Bericht (Davignon-Bericht) der EG-Außenminister an die Staats- und Regierungschefs über die EPZ
9. 2. 1971	Ministerrat einigt sich in Brüssel über die WWU
22. 1. 1972	Unterzeichnung der Beitrittsverträge mit Dänemark, Großbritannien, Irland, Norwegen und der EG
21. 3. 1972	Einführung der »Währungsschlange«
10. 5. 1972	Irlands Bevölkerung billigt in einem Referendum den EG-Beitritt
22. 7. 1972	Unterzeichnung der bilateralen Freihandelsabkommen der EG mit den EFTA-Staaten Island, Österreich, Portugal, Schweden und Schweiz (»Rest-EFTA«)

25.9.1972	Die Norweger lehnen in einer Volksabstimmung den EG-Beitritt ihres Landes ab
2.10.1972	Die Dänen stimmen EG-Beitritt ihres Landes zu
20.10.1972	Staats- und Regierungschefs der erweiterten EG beschließen in Paris den Ausbau der EG zur Europäischen Union und verabschieden einen Zeitplan zur Realisierung der WWU
1.1.1973	Erweiterung der EG auf neun Mitgliedstaaten tritt in Kraft
11./12.3.1973	Großbritannien, Irland und Italien bleiben der »Währungsschlange« fern
14.5.1973	Unterzeichnung eines Freihandelsabkommens zwischen Norwegen und der EG
5.10.1973	Freihandelsabkommen Finnland – EG
10.12.1974	Staats- und Regierungschefs der EG beschließen in Paris, als »Europäischer Rat« (ER) zu tagen
28.2.1975	Erstes Abkommen mit 46 AKP-Staaten über Handels-, Finanz- und Technikfragen wird in Lomé signiert
10./11.3.1975	Europäischer Rat tagt erstmals in Dublin
5.6.1975	Bevölkerung Großbritanniens stimmt in einer Volksbefragung für den Verbleib in der EG
29.12.1975	Tindemans-Bericht über die »Europäische Union«: Weiterentwicklung der Integration nötigenfalls mit »zwei Geschwindigkeiten«
1.7.1977	Vollendung des Zollabbaus zwischen den 9 EG-Staaten
8.4.1978	ER beschließt in Kopenhagen Direktwahl zum Europäischen Parlament (EP)
7.7.1978	ER beschließt in Bremen die Schaffung eines Europäischen Währungssystems (EWS) und einer European Currency Unit (ECU)
5.12.1978	ER beschließt in Brüssel das Inkrafttreten des EWS ab 1.1.1979 mit dem ECU als dessen Kernpunkt

28. 5. 1979	Beitrittsakte Griechenlands zur EG in Athen unterzeichnet
7./10. 6. 1979	Erste allgemeine und direkte Wahlen zum EP
31. 10. 1979	Lomé-II-Abkommen zwischen der EG und 58 AKP-Staaten
11. 1. 1980	Im Rahmen der EPZ wird die sowjetische Intervention in Afghanistan verurteilt
1. 1. 1981	Griechenland wird 10. EG-Mitglied
6./20. 1. 1981	Hans-Dietrich Genscher (BRD) und Emilio Colombo (I) fordern eine Stärkung der EPZ
4. 1. 1982	EG-Außenminister verurteilen Verhängung des Kriegsrechtes in Polen
6. 4. 1982	EG-Solidaritätserklärung für Großbritannien im Falklandkonflikt
16. 4. 1982	EG-Einfuhrembargo gegenüber Argentinien
19. 6. 1983	ER signiert in Stuttgart die »Feierliche Deklaration zur Europäischen Union«
14. 2. 1984	Vertragsentwurf zur Gründung der Europäischen Union (Altiero Spinelli-Ausschuss) wird vom EP angenommen
9. 4. 1984	»Luxemburger Erklärung« bei einem EG- und EFTA-Ministertreffen zur Dynamisierung der Beziehungen
14./17. 6. 1984	Zweite Direktwahl zum EP
8. 12. 1984	Lomé-III-Abkommen der EG mit 65 AKP-Staaten
7. 1. 1985	Jacques Delors wird Präsident der EG-Kommission
12. 6. 1985	Beitrittsakten Spaniens und Portugals unterzeichnet
3. 12. 1985	ER einigt sich über die Einheitliche Europäische Akte (EEA) zum Ausbau der EG
1. 1. 1986	Beitritt Spaniens und Portugals zur EG, Beitritt Finnlands zur EFTA
17./28. 2. 1986	Unterzeichnung der EEA in Luxemburg und Den Haag
1. 7. 1987	EEA tritt in Kraft

25. 6. 1988 Unterzeichnung einer Gemeinsamen Erklärung von EG und RGW über die Aufnahme offizieller Beziehungen

26. 9. 1988 Unterzeichnung des EG-Kooperationsabkommens mit Ungarn

17. 1. 1989 Delors schlägt vor dem EP einen Europäischen Wirtschaftsraum (EWR) zwischen EFTA und EG vor

27. 1. 1989 Die VÖI beurteilt die Vorschläge von Jacques Delors vom 17. 1. 1989 zur Neugestaltung der Beziehungen zwischen EG und EFTA skeptisch

14./15. 3. 1989 Staats- und Regierungschefs der EFTA begrüßen bei einem Gipfel in Oslo den Delors-Vorschlag zum EWR

15./18. 6. 1989 Wahlen zum EP

17. 7. 1989 Österreichs EG-Beitrittsantrag

9. 11. 1989 Fall der Berliner Mauer

15. 12. 1989 Unterzeichnung des Lomé-IV-Abkommens (multilaterale Entwicklungsabkommen)

19. 12. 1989 Verhandlungsbeginn zwischen der EG und den EFTA-Mitgliedsländern über eine verstärkte Zusammenarbeit und die Bildung eines EWR

17. 5. 1990 Entschließung des EP zur deutschen Einheit

19. 6. 1990 Schengener Abkommen

25./26. 6. 1990 ER einigt sich in Dublin auf die Einberufung einer Regierungskonferenz zur Verwirklichung der WWU und einer zweiten Regierungskonferenz zur Politischen Union

1. 7. 1990 Inkrafttreten der Deutschen Wirtschafts- und Währungsunion (Zollunion EWG – DDR); Inkrafttreten der ersten Phase der WWU

3. 10. 1990 Deutsche Einheit vollzogen

8. 10. 1990 Beitritt Großbritanniens zum EWS, im Sommer 1992 erfolgt wieder der Austritt

1. 4. 1991	Warschauer Pakt wird als Militärbündnis aufgelöst
15. 4. 1991	Eröffnung der Europäischen Bank für Wiederaufbau und Entwicklung
1. 7. 1991	EG-Beitrittsantrag Schwedens
21. 10. 1991	Abschluss der politischen Verhandlungen zum EWR-Vertrag zwischen EG und EFTA in Luxemburg
9.–11. 12. 1991	Staats- und Regierungschefs der EG-Staaten einigen sich beim Gipfel in Maastricht auf einen Vertrag zur Europäischen Union (EU: WWU, Politische Union, Gemeinsame Sicherheits- und Außenpolitik)
16. 12. 1991	Unterzeichnung der »Europaabkommen« mit Polen, Ungarn und der ČSFR
7. 2. 1992	Unterzeichnung des Vertrages über die EU in Maastricht
18. 3. 1992	Finnland stellte den Beitrittsantrag zur EG
2. 5. 1992	Unterzeichnung des EWR-Vertrages in Porto
20. 5. 1992	Schweiz stellt Antrag auf Mitgliedschaft in der EG
2. 6. 1992	Die Dänen lehnen in einem Referendum den Vertrag von Maastricht mit 50,7 gegen 49,3% ab
18. 6. 1992	Bei einer Volksabstimmung in Irland billigt die Bevölkerung mit überwältigender Mehrheit den Vertrag von Maastricht: 68,7% Ja-Stimmen
20. 9. 1992	Bei einer Volksabstimmung votiert Frankreich mit 51,05 gegen 48,95% für den Vertrag von Maastricht
25. 11. 1992	Norwegen stellt den Beitrittsantrag zur EG
6. 12. 1992	Die Schweizer Bevölkerung lehnt den Beitritt ihres Landes zum EWR mit knapper Mehrheit ab: 50,3% stimmen dagegen, 49,7% dafür
11./12. 12. 1992	Staats- und Regierungschefs der EG räumen beim ER in Edinburgh Dänemark Freistellungen vom Maastrichter Vertrag ein

13.12.1992	In einer Volksabstimmung sprechen sich die Bürger Liechtensteins für die EWR-Mitgliedschaft aus
1.1.1993	Beginn des EG-Binnenmarktes: vollständige Verwirklichung der Freiheit des Verkehrs von Personen, Kapital, Waren und Dienstleistungen
12.1.1993	Mit Island haben – bis auf die Schweiz – alle EFTA-Länder den EWR-Vertrag ratifiziert
1.2.1993	Beginn der EG-Beitrittsverhandlungen Norwegens, Österreichs, Schwedens und Finnlands
17.3.1993	Mit einem Zusatzprotokoll ermöglichen die EG- und die EFTA-Staaten das Inkrafttreten des EWR-Vertrages nach dem Ausscheiden der Schweiz
5.4.1993	Beginn der EG-Beitrittsverhandlungen mit Norwegen
18.5.1993	Die dänischen Wähler billigen in einer zweiten Abstimmung den Vertrag von Maastricht mit 56,8%, der in Edinburgh revidiert wurde
21./22.6.1993	Der ER in Kopenhagen legt Kriterien für die Aufnahme von zukünftigen Beitrittskandidaten fest
1.1.1994	Der EWR tritt in Kraft: freier Waren-, Dienstleistungs-, Kapital- und Personenverkehr; die zweite Stufe der WWU tritt in Kraft
16.3.1994	Nach Finnland, Österreich und Schweden schließt auch Norwegen die Beitrittsverhandlungen mit der Europäischen Union ab
30.3.1994	Schweden, Finnland, Norwegen und Österreich unterzeichnen die Verhandlungspakete der Beitrittsverträge
4.5.1994	Das EP stimmt mit 374 »Ja«- bei 24 »Nein«-Stimmen und 61 Enthaltungen für die Beitritte der Neutralen und Norwegen ab
12.6.1994	In Österreich stimmt die Bevölkerung mit 66,6% für den EU-Beitritt ab

16. 10. 1994	In Finnland stimmt die Bevölkerung mit 57% für den EU-Beitritt ab
13. 11. 1994	In Schweden stimmt die Bevölkerung mit 52,2% für den EU-Beitritt ab
27./28. 11. 1994	In Norwegen stimmt die Bevölkerung mit 52,2% gegen den EU-Beitritt ab
1. 1. 1995	Österreich, Schweden und Finnland sind Mitglieder der EU, alle genannten Staaten treten aus der EFTA aus
24. 1. 1995	Annahme der Partnership for Peace (NATO-Partnerschaftsprogramm)
2. 10. 1997	Unterzeichnung des Vertrages von Amsterdam
1. 6. 1998	Das EWI wird von der Europäischen Zentralbank (EZB) in Frankfurt am Main abgelöst, womit die dritte Stufe der WWU erreicht ist
30. 6. 1998	Das Europäische System der Zentralbanken (ESZB) wird von der unabhängigen EZB geleitet
1. 5. 1999	Inkrafttreten des Vertrags von Amsterdam
31. 1. 2000	Gemeinsame Erklärung der 14 EU-Mitgliedstaaten, im Falle der Regierungsbeteiligung der FPÖ Sanktionsmaßnahmen zu verhängen
4. 2. 2000	Angelobung der ÖVP-FPÖ-Regierung durch Bundespräsident Thomas Klestil bei massiven innenpolitischen und internationalen Protesten; Inkraftsetzung der angekündigten Sanktionsmaßnahmen durch die EU 14-Staaten
14. 2. 2000	Beginn der Regierungskonferenz 2000 zur Institutionenreform in der EU
13. 9. 2000	Aufhebung der Sanktionsmaßnahmen im Rahmen der französischen EU-Präsidentschaft nach Vorlage eines Weisen-Berichts, der die unverzügliche Aufhebung der Boykottaktionen empfohlen hat

6.–11.12.2000	EU-Gipfel in Nizza
26.2.2001	Unterzeichnung des Vertrags von Nizza
1.1.2002	Erster Umlauf der Euro-Banknoten; die europäische Einheitswährung wird gesetzliches Zahlungsmittel
28.2.2002	Gültigkeitsende der meisten nationalen Währungen der Euro-Länder als gesetzliches Zahlungsmittel; Eröffnung des »Konvents zur Zukunft der Europäischen Union« im EP in Brüssel
1.4.2002	Umtausch der »Altwährungen« der Euro-Länder ist nur mehr bei den Nationalbanken der jeweiligen Länder möglich

Glossar

Acquis Communautaire – Gemeinschaftlicher rechtlicher Besitzstand, der das gesamte Primär- und Sekundärrecht der EU betrifft. *s. S. 62, 68*

Außenzoll – Nach Wegfall der Binnenzölle in der EG (1968–1970) errichtete gemeinsame Zollmauer nach außen. Seit 1975 werden die aus ihm stammenden Einkünfte an den Haushalt der Gemeinschaft abgeführt. *s. S. 49ff., 81, 107*

Ausschuss der Regionen (AdR) – Durch den Vertrag von Maastricht neben dem Wirtschafts- und Sozialausschuss (WSA) installiertes Beratungsorgan, welches 222 Vertreter regionaler und lokaler Gebietskörperschaften repräsentiert, die vom MR auf Vorschlag der Mitgliedstaaten ernannt werden. Damit wurde den Regionen erstmals eine Teilnahme am Integrationsprozess zugestanden und das Subsidiaritätsprinzip institutionalisiert. Der AdR verfügt allerdings über nur sehr eingeschränkte Möglichkeiten und ist lediglich beratend tätig. *s. S. 67, 96*

Binnenmarkt – Wirtschaftsraum ohne Binnengrenzen, in dem freier Verkehr von Personen, Dienstleistungen, Kapital und Waren gegeben ist, seit 1. Januar 1993 im Wesentlichen erfüllt. *s. S. 41, 68, 100f.*

Bretton Woods – Finanz- und Währungskonferenz der UNO mit 44 Staaten vom 1.–23. Juli 1944 sowie Abkommen zur Gründung einer Weltbank und eines Internationalen Währungssystems (IWS), das die Rückkehr zur Konvertibilität der Währungen und zum Dollar vorsah. Daneben sollten die Kurse im Verhältnis zu dem an das Gold gekoppelten Dollar gestützt werden. Das System von Bretton Woods trat 1946 in Kraft und regelte bis in die 70er Jahre die Weltwirtschaftsverhältnisse. Es brach im Zuge der Ölkrise und der Niederlage der USA im Vietnam-Krieg zusammen. *s. S. 53*

Clearing-System – Wechselseitiges Verrechnungssystem nationaler Währungen zwischen zwei Handelspartnern angesichts von Devisenknappheit. *s. S. 104*

Containment – Strategie der 40er und beginnenden 50er Jahre des 20. Jahrhunderts gegen den als aggressiv-expansionistisch wahrgenommenen Weltkommunismus im Allgemeinen und die Machtstellung der UdSSR in Europa und Asien im Besonderen, die durch politische Bündnisse, Wirtschaftshilfe und Militärpakte realisiert werden sollte. *s. S. 42*

ECU (European Currency Unit) – Europäische Rechnungs- und Währungseinheit, bestehend aus einem Währungskorb, der sich aus der Summe der von 12 Währungen des Europäischen Währungssystems (EWS) der EG-Mitgliedstaaten festgelegten Beträge ergab. Der ECU war Grundlage und Bezugsgröße für die Berechnung der Abweichungsschwelle zwischen den Gemeinschaftswährungen sowie Rechengröße für Forderungen und Verbindlichkeiten. Darüber hinaus diente er zum Saldenausgleich und als Währungsreserve der Notenbanken der EG-Mitglieder. Der Wert des ECU war der gewichtete Durchschnitt des Werts der Währungen und der Vorläufer des Euro. *s. S. 56, 59f., 100*

Einheitliche Europäische Akte – Mit 1. Juli 1987 in Kraft getretene erste große Vertragsreform der EG. Die Gemeinschaft erhielt größere Zuständigkeiten in den Bereichen Forschung, Technologie und Umweltschutz. Das EP wurde durch ein Zustimmungsrecht zu Assoziationsabkommen und Beitritten sowie durch ein Verfahren der

Zusammenarbeit (»Kooperationsverfahren«) bei der Gesetzgebung zur Vollendung des Binnenmarktes gestärkt. *s. S. 61, 109*

Euro – Bezeichnung für die europäische Einheitswährung, beschlossen beim Europäischen Rat vom 15. und 16. Dezember 1995 in Madrid. *s. S. 3, 75ff., 100ff.*

Europäische Freihandelsassoziation (EFTA) – Freihandelszone gegründet 1959/60 von jenen Staaten (Großbritannien, Dänemark, Norwegen, Österreich, Portugal, Schweden, Schweiz), die nicht zur EWG/EG gehörten. Ihr gelang bereits in den 60er Jahren der Abbau von Zoll- und Handelsschranken. Im Unterschied zur EWG/EG/EU ist die EFTA eine intergouvernementale Organisation. Im Laufe der EG-/EU-Erweiterungen verlor die EFTA an Bedeutung. Ihr gehören heute nur noch Island, Norwegen und die Schweiz an. *s. S. 46ff., 51, 61f.*

Europäischer Gerichtshof (EuGH) – Rechtsprechungsorgan der EG, das die Auslegung und Anwendung der Gemeinschaftsverträge sowie der vom MR und der Kommission erlassenen Rechtsakte sichert. Der EuGH mit Sitz in Luxemburg ist eine supranationale Einrichtung, handelt also als überstaatliches Organ und ist somit frei von Interessen der Mitgliedstaaten. *s. S. 67, 100, 111*

Europäische Kommission – Die Institution mit Sitz in Brüssel, die für die Umsetzung der Bestimmungen des Vertragswerks zuständig und für die Gemeinschaftspolitik und Haushaltsverwaltung verantwortlich ist. Sie schlägt gemeinschaftliche Gesetzgebung vor und übt Befugnisse in bestimmten Bereichen aus (Initiativ- und Exekutivorgan). Auf wirtschaftlichem Gebiet spricht sie Empfehlungen für die Grundzüge der Wirtschaftspolitik in der Union aus und berichtet dem MR über konjunkturelle und wirtschaftspolitische Entwicklungen. Sie vertritt die Gemeinschaft in internationalen Organisationen, arbeitet Vorschläge für den MR aus. Ihr gehören 20 Mitglieder an: je zwei aus Deutschland, Spanien, Frankreich, Italien und dem Vereinigten Königreich sowie einem Vertreter aus den übrigen EU-Staaten. *s. S. 48ff., 58, 62*

Europäische Menschenrechtskonvention (EMRK) – Am 4. November 1950 von den Mitgliedern des Europarats unterzeichnet, in der sich die Vertragsstaaten verpflichteten, die Grundrechte (Recht auf Leben und Freiheit, Unverletzlichkeit und Sicherheit der Person, Meinungs-, Gewissens-, Religions- und Versammlungsfreiheit, Verbot der Folter, Sklaverei und Zwangsarbeit etc.) kollektiv zu schützen. Die Einhaltung der Menschenrechte prüfen die Europäische Kommission für Menschenrechte sowie der Europäische Gerichtshof für Menschenrechte. *s. S. 43, 104*

Europäisches Parlament (EP) – Hervorgegangen aus der Gemeinsamen Versammlung (GV) der EGKS (1952–1958) wurde das EP 1979 in allgemeiner und direkter Wahl gewählt. Es besteht vor der Ratifikation des EU-Vertrags von Nizza aus 626 Vertretern der Bürger der Mitgliedstaaten. Das EP ist am Gesetzgebungsprozess in unterschiedlichem Ausmaß beteiligt. Es ist abhängig von dem Verfahren, nach dem EU-Recht erlassen wird. Im Rahmen der WWU besitzt das EP überwiegend beratende Befugnisse. Die Sitzverteilung erfolgt in Fraktionen. Sitz und Plenarsitzungen: Straßburg, Sekretariat: Luxemburg, Ausschüsse und Fraktionen: Brüssel. *s. S. 50f., 58ff., 67*

Europäische Politische Zusammenarbeit (EPZ) – Die Außenminister der EG einigten sich am 27. Oktober 1970 im Luxemburger Bericht über Grundsätze und Verfahrensweisen einer gemeinsamen Außenpolitik im Rahmen der EPZ. Darin wurde v. a. zweimal jährlich die Zusammenkunft der Außenminister, eines Politischen Komitees, welches die Sitzungen vorbereitet, und eines Sekretariats vorgesehen.

Mit der EEA verfügte die EPZ über eine vertragsrechtliche Grundlage und wurde eng mit der EG verknüpft. Sie wurde dann von der GASP abgelöst, die mit Maastricht auf den Bereich der Sicherheit und Verteidigung ausgedehnt wurde. *s. S. 52, 96*

Europäischer Rat (ER) – Am 10. Dezember 1974 ins Leben gerufen, umfasst er die Staats- und Regierungschefs der Mitgliedstaaten sowie den Präsidenten der Kommission. Er tritt mindestens zweimal jährlich in Form eines Gipfels zusammen. Er setzt die Leitlinien der Gemeinschaftspolitik fest, verleiht der EG/EU die erforderliche Dynamik und gibt richtungsweisende Impulse. *s. S. 67, 108*

Europäisches Währungsinstitut (EWI) – Am 1. Januar 1994 zu Beginn der zweiten Stufe der WWU ins Leben gerufene vorübergehende Institution, die den Europäischen Fonds für währungspolitische Zusammenarbeit (EFWZ) ersetzte. Das EWI war für die notwendige Vorbereitung für die Einrichtung des Europäischen Systems der Zentralbanken (ESZB) mit Blick auf eine einheitliche Geldpolitik und die Schaffung einer Einheitswährung während der dritten Stufe der WWU zuständig. *s. S. 100, 102, 113*

Europäisches Währungssystem (EWS) – 1979 eingerichtetes System zur währungspolitischen Zusammenarbeit der EG-Staaten mit dem Ziel, eine stabile Währungszone in Europa zu bilden. Elemente des EWS sind der ECU, ein Wechselkurs-, Interventions- und Kreditmechanismus. Die EWS-Länder haben für ihre Währungen untereinander feste Leitkurse vereinbart. *s. S. 59, 66, 108*

Europäischer Wirtschaftsraum (EWR) – Am 1. Januar 1994 in Kraft getretene multilaterale Freihandelsassoziation zwischen EFTA- und EG-Staaten, mit der die Regeln des Binnenmarktes auf die EFTA-Länder (Ausnahme Schweiz) übertragen wurden, flankiert von Vereinbarungen über Forschung, Statistik, Bildungs-, Sozial-, Umweltpolitik und Verbraucherschutz. Landwirtschaft und Fischerei wurden nicht einbezogen, wie auch die EFTA-Staaten nicht der EG-Zollunion beigetreten sind und ihre außenzoll-, handels-, steuer- und währungspolitische Eigenständigkeit bewahrten. *s. S. 62, 64ff., 111*

Europäische Zentralbank (EZB) – Am 1. Juni 1998 ersetzte die EZB mit Sitz in Frankfurt das EWI und leitete das am 30. Juni 1998 gegründete Europäische System der Zentralbanken (ESZB). Die EZB ist im Zentrum des ESZB und des Eurosystems und besitzt kraft Gemeinschaftsrecht Rechtspersönlichkeit. Die EZB stellt sicher, dass die dem Eurosystem und dem ESZB übertragenen Funktionen entweder durch eigene Tätigkeit und nach Maßgabe ihrer Satzung oder der des ESZB oder durch die nationalen Zentralbanken erfüllt werden. *s. S. 3, 52, 102*

Europarat – Erste politische Organisation (gegr. 1949) mit der Absicht, Einheit und Zusammenarbeit in Europa zu fördern, was auf menschenrechtlicher, kultureller und sozialer Ebene zum Ausdruck kam. *s. S. 42, 76, 103*

Föderation – Zusammenschluss mehrerer Staaten zu einem Gesamtstaat. Im Bundesstaat bleibt die Staatsgewalt der Gliedstaaten erhalten, die ihre Staatsgewalt nicht vom Gesamtstaat ableiten und ihm deshalb auch nicht untergeordnet, wohl aber zur Zusammenarbeit verpflichtet sind. *s. S. 10, 22ff., 32*

Freihandelsabkommen – Handelsabkommen, das die Zölle zwischen den Verhandlungspartnern vollständig beseitigt und mengenmäßige Beschränkungen von Handelsgütern verbietet. *s. S. 51, 108*

Freihandelszone – Gruppe von mindestens zwei Staaten, zwischen denen die Zölle und andere den Außenhandel beschränkenden Maßnahmen abgebaut sind. Die Freihandelszone kennt im Unterschied zur Zollunion kein gemeinsames Außenzollregime. Die unterschiedlichen nationalen Außenzölle werden gegenüber Drittländern beibehalten. *s. S. 45, 64, 87*

General Agreement on Tariffs and Trade (GATT) – Allgemeines Zoll- und Handelsabkommen am 30. Oktober 1947 in Genf von 23 Staaten abgeschlossen und am 1. Januar 1948 in Kraft getreten, welches das Gros des Welthandels auf der Basis der Meistbegünstigung mit dem Ziel der Liberalisierung abwickelt. GATT ist eine UNO-Unterorganisation mit Sitz in Genf. Nachfolgeorganisation des GATT ist die 1995 gegründete World Trade Organization (WTO). *s. S. 49, 83, 102*

Intergouvernementalismus – Zusammenarbeit zwischen Regierungen bzw. Staaten z.B. in internationalen Organisationen, ohne dass diese ihre Souveränität einbüßen. Es handelt sich hier um Delegierung von Entscheidungskompetenzen nationalstaatlicher Organe an eine dritte Institution, in der Vertreter der delegierenden nationalstaatlichen Regierungen in Kooperation miteinander bindende Entscheidungen meist nach dem Konsensprinzip treffen, aber auch Vetomöglichkeiten besitzen. *s. S. 71*

Konvergenzkriterien – Die im Maastrichter EU-Vertrag festgelegten Erfordernisse, die ein EU-Mitglied erfüllen muss, um der WWU beitreten zu können. Die Entscheidung über die Aufnahme der ab dem 1. Januar 1999 am Euro-Land teilnehmenden Staaten wurde am 2. und 3. Mai 1998 aufgrund der Resultate getroffen, die bei Erfüllung der Konvergenzkriterien seit 1997 erreicht worden waren. Die Kriterien betrafen Preisstabilität, Schwankung der Wechselkurse, langfristige Zinssätze, Haushaltsdefizit und öffentliche Verschuldung. *s. S. 66, 98, 101*

Konferenz für Sicherheit und Zusammenarbeit in Europa (KSZE) – Seit 1972 regelmäßige Treffen europäischer Regierungen (einschließlich der UdSSR), der USA und Kanadas zur Verbesserung der Ost-West-Beziehungen in Europa. Die KSZE trug wesentlich zur zwischenstaatlichen Entspannung und Zusammenarbeit in Europa bei, zwang alle Vertragspartner zu kooperativem Umgang, eröffnete indirekte westliche Einflussmöglichkeiten in den östlichen Gesellschaften, unterstützte dortige Bürgerrechtsgruppen und beschleunigte den Erosionsprozess der poststalinistischen Regime in Ostmitteleuropa. Seit 1995 wurde die KSZE in Organisation für Sicherheit und Zusammenarbeit in Europa (OSZE) umbenannt. *s. S. 91, 93*

Maastricht (EU-Vertrag) – Am 7. Februar 1992 unterzeichneter Vertrag, der am 1. November 1993 in Kraft getreten ist. Der Vertrag änderte die Römischen Verträge, um die Bildung einer Union zu ermöglichen, und gab Etappen des Aufbaus der WWU vor. *s. S. 61ff.*

Ministerrat der Europäischen Union (MR) – Institution der EWG / EG / EU, die sich aus Regierungsvertretern der Mitgliedstaaten, in der Regel der ressortverantwortlichen Minister bildet. Es gibt verschiedene Ratsarten ohne die formellen Ratssitzungen, bspw. den Rat »Allgemeine Angelegenheiten«, der die Außenminister versammelt, den ECOFIN-Rat, der die Wirtschafts- und Finanzminister repräsentiert. Der MR erlässt auf Vorschlag der Kommission die wesentlichen Entscheidungen bzw. Beschlüsse zur Unionspolitik. Der MR mit Sitz in Brüssel (Ausschuss und Generalsekretariat befindet sich in Brüssel und Luxemburg) ist verantwortlich für die Zusammenarbeit der Staaten gemäß Vertragsrecht in den Bereichen Außen- und Sicherheitspolitik, Justiz und Inneres. *s. S. 57, 84, 96*

Petersberg-Aufgaben – Am 19. Juni 1992 erfolgte Erklärung des WEU-Ministerrats zum Ausbau der WEU als Verteidigungskomponente der EU und zum europäischen Pfeiler der NATO. Sie sehen vor, dass die WEU künftig nicht nur im Auftrag der UNO oder der KSZE Blauhelmeinsätze, sondern auch unter bestimmten Bedingungen »friedenschaffende« Kampfeinsätze (d.h. kriegerische Maßnahmen) durchführen kann. *s. S. 71*

Protektionismus – Schutz oder Begünstigung inländischer Produzenten vor ausländischer Konkurrenz durch Zölle, mengenmäßige Einfuhrbeschränkungen, die Subventionierung der eigenen Industrie. Mit EWG-Gründung wurden von Drittländern die »Zollmauern« der Gemeinschaft als Verstoß gegen den Freihandel, v.a. die Gemeinsame Agrarpolitik (GAP) kritisiert. *s. S. 83, 96*

Römische Verträge – Am 1. Januar 1958 in Kraft getretene Verträge zur Bildung der EWG und der EURATOM. Sie ergänzten die bereits vorhandene Teilgemeinschaft EGKS und formten die spätere EG. Die Verträge wurden am 25. März 1957 in Rom von den sechs kerneuropäischen Staaten (Belgien, Bundesrepublik Deutschland, Frankreich, Italien, Luxemburg und Niederlande) unterzeichnet. *s. S. 45, 50f., 105*

Schengener Abkommen – Im Juni 1985 in Schengen (Luxemburg) geschlossenes Übereinkommen zwischen Belgien, Niederlande, Luxemburg, der Bundesrepublik Deutschland und Frankreich bezüglich eines schrittweisen Abbaus der Kontrollen an den gemeinsamen Grenzen. Inzwischen sind weitere Mitglieder beigetreten. Ein Zusatzabkommen regelt die Behandlung von Asylanträgen und die Kooperation der Polizeibehörden über die Grenzen hinaus. Mit Wegfall der inneren Grenzkontrollen wurden gleichzeitig die EU-Außengrenzen verstärkt kontrolliert. Durch den Vertrag von Amsterdam wurde der gesamte Schengen-Besitzstand in den EU-Rechtsrahmen überführt. *s. S. 71, 73, 110*

Supranationalität – Vergemeinschaftete Politik von Staaten bzw. Regierungen, wobei Teile ihrer Souveränität an übergeordnete Organe abgetreten werden, deren Entscheidungen nach dem Mehrheitsprinzip getroffen werden und nicht dem Zustimmungsvorbehalt (Einstimmigkeit) der nationalen Regierungsvertreter unterworfen sind. *s. S. 71*

Völkerbund – Nach dem Ersten Weltkrieg am 28. April 1919 auf Initiative von US-Präsident Woodrow Wilson gebildete Weltorganisation zur Kriegsverhütung, Friedenssicherung und internationalen Zusammenarbeit mit Sitz in Genf. Seine politischen Ziele (Beschränkung staatlicher Gewaltpolitik und Geheimdiplomatie, Sanktionen gegen Rechtsbrecher) konnte er nicht verwirklichen. Gegen die Aggressionsakte Deutschlands, Italiens und Japans unternahm er keine wirksamen Schritte. 1946 wurde der gescheiterte Völkerbund, der als Vorläufer der UNO gilt, aufgelöst. *s. S. 20, 35, 37f.*

Warschauer Pakt – Am 14. Mai 1955 zwischen der UdSSR, Albanien, Bulgarien, Polen, Rumänien, der ČSSR und Ungarn abgeschlossenes Militärbündnis. Er war die östliche Reaktion auf die NATO (gegr. 1949). Albanien trat 1968 aus, die 1956 beigetretene DDR schied 1990 aus. 1991 löste sich der Warschauer Pakt auf. *s. S. 11, 81, 111*

Zollunion – Zusammenschluss zu einem einheitlichen Zollgebiet bei Entfall der Binnenzölle. Aufgrund des einheitlichen Außenzolls kann im Unterschied zur Freihandelszone bei der Einfuhr von Waren aus Drittländern kein Mitgliedsland eigene Zölle erheben. Sie wird mit einheitlichen Zollsätzen belastet. 39f., 50, 100

Abkürzungsverzeichnis

AdR	Ausschuß der Regionen
AKP	Länder im afrikanisch-pazifisch-karibischen Raum
COMECON	Council of Mutual Economic Assistance (RGW)
ECA	Economic Cooperation Administration
ECU	European Currency Unit
EEA	Einheitliche Europäische Akte
EFTA	European Free Trade Association
EFRE	Europäischer Fonds für Regionale Entwicklung
EG	Europäische Gemeinschaft
EGKS	Europäische Gemeinschaft für Kohle und Stahl/ Montanunion
EFWZ	Europäischer Fonds für währungspolitische Zusammenarbeit
EIB	Europäische Investitionsbank
EMRK	Europäische Menschenrechtskonvention
EP	Europäisches Parlament
EPG	Europäische Politische Gemeinschaft
EPU	Europäische Parlamentarier Union
EPZ	Europäische Politische Zusammenarbeit
ER	Europäischer Rat
ERP	European Recovery Program
ESZB	Europäisches System der Zentralbanken
EuGH	Europäischer Gerichtshof
EURATOM	Europäische Atomgemeinschaft
EUV	Europäischer Unionsvertrag
EVG	Europäische Verteidigungsgemeinschaft
EVP	Europäische Volkspartei
EWI	Europäisches Währungsinstitut
EWG	Europäische Wirtschaftsgemeinschaft
EWR	Europäischer Wirtschaftsraum
EWS	Europäisches Währungssystem

EZU	Europäische Zahlungsunion
GAP	Gemeinsame Agrarpolitik
GASP	Gemeinsame Außen- und Sicherheitspolitik
GATT	General Agreement on Tariffs and Trade
GESVP	Gemeinsame Europäische Sicherheits- und Verteidigungspolitik
GV	Gemeinsame Versammlung
IWF	Internationaler Währungsfonds
KPdSU	Kommunistische Partei der Sowjetunion
KSZE	Konferenz für Sicherheit und Zusammenarbeit in Europa
MOE	Mittel- und Osteuropäische Staaten
MR	Ministerrat
NAFTA	North Atlantic Free Trade
NATO	North Atlantic Treaty Organization
OECD	Organization of Economic Cooperation and Development
OEEC	Organization of European Economic Cooperation
OPEC	Organization Petroleum Exporting Countries
OSZE	Organisation für Sicherheit und Zusammenarbeit in Europa
PHARE	Poland and Hungary Action for Restructuring of the Economy
RGW	Rat für Gegenseitige Wirtschaftshilfe (COMECON)
UNO	United Nations Organizations
WEU	West European Union/Westeuropäische Union
WSA	Wirtschafts- und Sozialausschuß
WTO	World Trade Organization
WWU	Wirtschafts- und Währungsunion

DOKUMENTE

Lipgens, Walter (Hrsg.): 45 Jahre Ringen um die Europäische Verfassung. Dokumente 1939–1984. Bonn 1986.

Scholle, Rainer: Der Vertrag über die Europäische Union. Die Beschlüsse der EG-Ratskonferenz von Maastricht im Dezember 1991. München 1993.

Schulze, Hagen/Paul, Ina Ulrike (Hrsg.): Europäische Geschichte. Quellen und Materialien. München 1994.

HANDBÜCHER UND NACHSCHLAGEWERKE

Brandstetter, Gerfried: Chronologisches Lexikon der europäischen Integration 1945–1995. Baden-Baden 1996.

Brückner, Michael, Maier, Roland und Przyklenk, Andrea: Der Europa Ploetz. Basiswissen über das Europa von heute. Freiburg 1993.

Weidenfeld, Werner und Wessels, Wolfgang (Hrsg.): Europa von A–Z. Taschenbuch der europäischen Integration. Bonn [6]1997.

EUROPA IM ÜBERBLICK: IDEE UND REALITÄT

Davies, Norman: Europe – A History. Oxford 1996.

Heater, Derek: The Idea of European Unity. Leicester 1992.

Kaiser, David: Kriege in Europa. Machtpolitik von Philipp II. bis Hitler. Hamburg 1992.

Langewiesche, Dieter: Europa zwischen Restauration und Revolution 1815–1843. München [4]1998.

Le Goff, Jacques: Das Hochmittelalter. Frankfurt/Main [6]1996.

Mai, Gunther: Europa 1918–1939. Mentalitäten, Lebensweisen, Politik zwischen den Weltkriegen. Stuttgart 2001.

Naumann, Friedrich: Mitteleuropa. Berlin 1915.

Pagden, Anthony (Hrsg.): The Idea of Europe. From Antiquity to the European Union. Cambridge 2002.

Reinalter, Helmut (Hrsg.): Europaideen im 18. und 19. Jahrhundert in Frankreich und Zentraleuropa. Frankfurt/Main 1994.

Schlumberger, Jörg A. und Segl, Peter (Hrsg.): Europa – Aber was ist es? Aspekte seiner Identität in interdisziplinärer Sicht. Köln 1994.

Schmale, Wolfgang: Geschichte Europas. Wien 2000.

DAS EUROPA NACH 1945: VON DER IDEE ZUR INSTITUTION

Ash, Timothy Garton: In Europe's Name: Germany and the Divided Continent. London 1993.

Bideleux, Robert und Taylor, Richard (Hrsg.): European Integration and Disintegration. London 1996.

Elvert, Jürgen und Salewski, Michael (Hrsg.): Der Balkan. Eine europäische Krisenregion in Geschichte und Gegenwart. Stuttgart 1996.

Gasteyger, Curt: Europa von der Spaltung zur Einigung. Darstellung und Dokumentation 1945–2000. Bonn 2001.

Gehler, Michael, Kaiser, Wolfram und Wohnout, Helmut (Hrsg.): Christdemokratie in Europa im 20. Jahrhundert. Wien 2001.

Gehler, Michael und Steininger, Rolf (Hrsg.): Die Neutralen und die europäische Integration 1945–1995. Wien 2000.

Groeben, Hans von der: Aufbaujahre der Europäischen Gemeinschaft. Baden-Baden 1982.

Herbst, Ludolf, Bührer, Werner und Sowade, Hanno (Hrsg.): Vom Marshallplan zur EWG. Die Eingliederung der Bundesrepublik Deutschland in die westliche Welt. München 1990.

Hildebrand, Klaus: Integration und Souveränität. Die Außenpolitik der Bundesrepublik Deutschland 1949–1982. Bonn 1991.

Kirt, Romain (Hrsg.): Die Europäische Union und ihre Krisen. Baden-Baden 2001.

Laqueur, Walter: Europa auf dem Weg zur Weltmacht 1945–1992. München 1992.

Loth, Wilfried: Der Weg nach Europa. Geschichte der europäischen Integration 1939–1957. Göttingen ³1996.

Loth, Wilfried (Hrsg.): Das europäische Projekt zu Beginn des 21. Jahrhunderts. Opladen 2001.

Milward, Alan S.: The European Rescue of the Nation State. London 1992.

Milward, Alan S.: The Reconstruction of Western Europe 1945–51. London 1992.

Preston, Christopher: Enlargement and Integration in the European Union. London 1997.

Stirk, Peter M. R.: A History of European Integration since 1914. London 1996.

Timmermann, Heiner (Hrsg.): Die Idee Europa in Geschichte, Politik und Wirtschaft. Berlin 1998.

Urwin, Derek W.: A Political History of Western Europe since 1945. London 1997.

Varsori, Antonio (Hrsg.): Europe 1945–1990s. The End of an Era? London 1995.

Weidenfeld, Werner (Hrsg.): Maastricht in der Analyse. Materialien zur Europäischen Union. Gütersloh 1994.

WEBADRESSEN ZU EU-EUROPA

http://europa.eu.int/ (Europa-Server mit aktuellen Nachrichten, Dokumenten, Agenturen, Datenbanken, Institutionen etc.)

http./european-convention.eu.int (Konvent für die Zukunft Europas)

www.cor.eu.int (Ausschuss der Regionen)

www.adinfo.com/eudor.htm (European Union Document Delivery Service)

www.ebrd.org/ (Europäische Bank für Wiederaufbau)

www.efta.int/structure/main/index.html (Europäische Freihandelsassoziation)

http://curia.eu.int (Europäischer Gerichtshof)

www.eib.eu.int (Europäische Investitionsbank)

www.europarl.eu.int (Europäisches Parlament)

http://european-patent-office.org (Europäisches Patentamt)

www.eca.eu.int (Europäischer Rechnungshof)

www.eea.eu.int (Europäische Umweltagentur)

www.ecb.int (Europäische Zentralbank)

www.coe.fr (Europarat)

www.newsroom.de/eu-kommission (Informationen für Journalisten)

http://ue.eu.int (Rat der EU)

www.esf.c-strasbourg.fr/default.htm (Stiftung Europäische Wissenschaft in Straßburg)

http://eur-op.eu.int (Verlagshaus der EU)

www.ces.eu.int (Wirtschafts- und Sozialausschuß)

www.zew.de/ (Zentrum für Europäische Wirtschaftsforschung)

www.zei.de (Zentrum für Europäische Integrationsforschung)

Abbildungsnachweise: Grafiken: von Solodkoff, Neckargemünd; Karten: bitmap, Mannheim; S. 8, 15 u. 37: © AKG Berlin; S. 4 u. 5 nach: Mirgeler, A.: Geschichte Europas. Freiburg 1953; S. 13 nach: Jacques Le Goff erzählt die Geschichte Europas. Frankfurt/New York 1997; S. 22 nach: Raumer, K. von: Die Zerstörung der Pfalz von 1689 im Zusammenhang der französischen Rheinpolitik. München/Berlin 1930; S. 56 u. 73 nach: Informationen zur politischen Bildung 213, 2000; S. 60 nach: Die Europäische Gemeinschaft 213, 1995; S. 67 nach: Moritz, P. u. Zandonella, B.: Europa für Einsteiger. Bonn 1998; S. 70 nach: Informationen zur politischen Bildung 246, 1995; S. 75 nach: Informationen zur politischen Bildung, 2001. Da mehrere Rechteinhaber trotz aller Bemühungen nicht feststellbar oder erreichbar waren, verpflichtet sich der Verlag, nachträglich geltend gemachte rechtmäßige Ansprüche nach den üblichen Honorarsätzen zu vergüten.